AF189524

Seelenbande

Eine humorvolle Reise durch die Welt der Selbsthilfe mit vielen Tipps & Tricks

Jens Erik
1. Auflage

Herstellung und Verlag: BoD – Books on Demand
Norderstedt

ISBN 978-3-7481-1285-3

Das Werk, einschließlich seiner Teile, ist urheberrechtlich geschützt und geistiges Eigentum des Autors. Jede Verwertung ist ohne Zustimmung des Verlages und des Autors unzulässig. Dies gilt insbesondere für die elektronische oder sonstige Vervielfältigung, Übersetzung, Verbreitung und öffentliche Zugänglichmachung.

Meiner Seelenbande,

mit der ich gelacht und geweint habe,
Vieles erleben und durchleben konnte,
die mich bis zum Schluss nicht im Stich ließ,
und für die ich stets da sein möchte.

Der Erste unter Gleichen,
wie Jea mich nannte

Jens Erik

Seelenbande

Jens Erik

Inhaltsverzeichnis:

Seelenbande

Jens Erik

Prolog – Faszination Selbsthilfe

Wer Visionen hat, soll zum Arzt gehen.

Helmut Schmidt, schlagfertiger Bundeskanzler aus Hamburg

Liebe Leserinnen, liebe Leser!

Ja, ich habe Visionen und daran ist die Selbsthilfe schuld. Aber muss man deshalb immer gleich zum Arzt gehen? Meinen Sie nicht auch, dass das Leben zu wertvoll ist, um es in Wartezimmern zu verbringen? Klar, manches geht nur mit einem Doktor oder Spezialisten, besonders bei ernsthaften Dingen oder Erkrankungen. Aber viele Angelegenheiten lassen sich sehr gut mit anderen Menschen bereden und voranbringen. Hier kann die Selbsthilfe im vertrauensvollen Rahmen Außerordentliches bewirken. Von Natur aus sind wir schließlich alle soziale Wesen und suchen Verbindung zu anderen Menschen, oder?

Wenn sich Menschen zu einem Thema regelmäßig treffen und austauschen, wächst oft eine Gemeinschaft mit Kompetenz und Einfühlungsvermögen heran. Selbst Profis sind erstaunt, was eine Selbsthilfegruppe zu leisten vermag. Dort gibt es eine große Meinungsvielfalt mit viel innerer Beteiligung und Authentizität. Der Austausch von Informationen ist dabei sehr unkompliziert und nicht zuletzt kostenmäßig punkten Selbsthilfegruppen gewaltig. Gut funktionierende Gruppen wissen das zu schätzen,

es entsteht eine Seelenbande.

Ich bin vor einigen Jahren ganz unerwartet zur Selbsthilfe gekommen und möchte sie inzwischen nicht mehr missen. Burnout und Depressionen haben mich zu ihr geführt.

Jens Erik   7

Seitdem habe ich viele schöne Erlebnisse mit netten, intelligenten Menschen gehabt. Ich bin zu neuen Erkenntnisse und tollen Sichtweisen gekommen. Der Umgang mit Krankheiten oder „Marotten" hat mich oft erstaunt. Und nicht zuletzt habe ich viele Formen der Selbsthilfe und verschiedene Selbsthilfegruppen kennengelernt und begleitet. Das fasziniert und formte mich zugleich!

Sie merken schon, dass ich ein Verfechter der Selbsthilfe bin und meine eigene Seelenbande habe ich natürlich so gefunden, aber – und es gibt ja immer ein „Aber" – nicht überall klappt´s perfekt oder läuft es rund. Die passende Gruppe zu finden, eine neue Gruppe zu gründen, Probleme oder Krisen zu bewältigen, Gemeinsamkeit oder Einfühlungsvermögen zu stärken etc. Da ist und bleibt viel, sagen wir mal „Potenzial".

Warum ich das so schreibe? Nun, wenn man ein wenig in der Selbsthilfe unterwegs ist, sieht man reichlich offensichtliche oder unterschwellige Probleme, aber eben auch so manche Lösungen und die möchte ich mit Ihnen teilen. Und zwar möglichst viele und möglichst

praktisch, pragmatisch also „mundgerecht".

Mir ist schon klar, dass es viele Selbsthilferatgeber und Nachschlagewerke gibt, das Internet voll von Informationen hierüber ist, aber diese Ansätze sind mir oft zu trocken oder lassen einen bei der Umsetzung im Stich. Allzu oft habe ich erlebt, dass viele Menschen in die gleichen Fallen tappen. Davor kann man doch warnen, oder?!

Diese Lücken zu schließen, möchte ich mit diesem Buch erreichen und – falls Sie mit der Selbsthilfe bisher nicht so viel am Hut haben – Ihnen einen guten Einstieg ermögli-

chen, damit Sie Ihre eigene Seelenbande finden und mit-
gestalten können.

Seien Sie gespannt...

Ich möchte Sie mitnehmen auf eine Reise durch die
Selbsthilfe, um Sie vielleicht noch ein wenig von ihr zu fas-
zinieren. Erst wollte ich „entführen" schreiben, aber es ist
mir stets sehr wichtig, dass jeder seinen Weg selbststän-
dig und freiwillig geht. Also *lade* ich Sie auf eine Reise
durch die Selbsthilfewelt ein und zeige Ihnen, was sich
alles dahinter verbergen kann.

Zum Inhalt: Ich möchte Ihnen zeigen, wie man die passende Selbsthilfegruppe findet oder eine eigene Gruppe
gründen kann. Dabei ist natürlich wichtig, wie man die
Treffen angenehm gestalten kann. Nicht zu trocken wird's
rund um „Regeln, Strukturen und Abläufe". Ebenso, wenn
es darum geht, wie man das Beste aus einer Gruppe her-
ausholen kann und Sie sich trotzdem nicht überfordern.
Bei Konflikten oder Krisen habe ich ein paar Anregungen
für Sie niedergeschrieben. Dann werden wir uns mit den
Themen „Neue" und „Abschied" beschäftigen. Ein paar
bewährte sowie kreative Methoden für das Gruppenleben
werden ebenfalls noch behandelt. Und nicht zuletzt habe
ich einige Vorschläge, wie Sie Unterstützung für weitere
Vorhaben erhalten können.

Noch kurz zu diesem Buch: Es ist inzwischen mein Zwei-
tes. Das erste Buch, die „Glutstaufe" habe ich vor ungefähr fünf Jahren über Wege aus Burnout, Depressionen
und Lebenskrisen geschrieben. Damals habe ich der
Selbsthilfe nur ein einzelnes Kapitel gewidmet und es ist
an der Zeit, meinen neuen Erkenntnissen mehr Platz zu
geben. Meinem lockeren Schreibstil bin ich gerne treu
geblieben. Ich hoffe, er bringt Sie zum Schmunzeln und so

gelingt es sicher leichter Erkenntnisse und Vorsätze umzusetzen.

Den Kapiteln habe ich wiederum Zitate aus unterschiedlichen Epochen vorangestellt und möchte Sie mit den voran
gestellten Worten auf die jeweiligen Themen einstimmen.
Am Ende jedes Kapitels gebe ich Ihnen noch einen Tipp
mit auf den Weg und lasse Ihnen zusätzlich etwas Platz für
Ihre Notizen oder Gedanken. Sie werden zu vielen Dingen
eine andere Sichtweise haben und dort können Sie diese
dann notieren.

Ich hoffe, das Buch trifft Ihren Geschmack, sonst geben
Sie es einfach an Andere weiter.

Mit den besten Wünschen, Ihr
Jens Erik

PS: Liebe Leser/*innen*, liebe Teilnehmer/*innen*,
       liebe Mitstreiter/*innen*, liebe Menschen!

       ich bitte an dieser Stelle um Ihr Verständnis, wenn
       ich wegen der besseren Verständlichkeit in den
       nachfolgenden Kapiteln zum generischen Maskulin
       greife und einfach nur „Leser", „Teilnehmer" oder
       „Mitstreiter" schreibe. Das ist vollkommen ge-
       schlechtsunspezifisch gemeint und soll keine Dis-
       kriminierung darstellen. Wer mich kennt, weiß,
       dass mir nur der Mensch wichtig ist.
       Bitte haben Sie daher beim Lesen stets Menschen
       unterschiedlichen Alters, Geschlechts, Hautfarbe,
       Einkommen, Bildung, Mode oder anderer Neigun-
       gen vor Augen.

Platz für Ihre Gedanken:_____
_____...

1. Wie tickt eigentlich die Selbsthilfe?

Diese Lebensformen sind einfach faszinierend...

„Mr. Spock", Halb-Vulkanier voller Logik, gespielt von Leonard Nimoy

Die Selbsthilfe – unendliche Weiten. Wir schreiben das dritte Jahrtausend. Dies sind die Abenteuer des Raumschiffs Selbsthilfe mit ihrer mächtigen Besatzung, die viele Jahre unterwegs ist, um neue Wege zu erforschen, neues Lebensgefühl und neue Zuversicht. Etliche Jahre von der Genesung entfernt, dringt die Selbsthilfe dabei in Gebiete vor, die nie ein Mensch zuvor gesehen hat...

Genießen Sie diesen Einstieg, frei nach Gene Roddenberry, der mit seiner über 50 Jahre alten, aber sehr berühmten Geschichte des *„Raumschiffs Enterprise"* wunderbar beschreibt, wie unterschiedliche Menschen und Kulturen miteinander zusammenarbeiten können, um Hindernisse zu überwinden und neue Wege zu gehen.

Ist *„Raumschiff Enterprise"* Selbsthilfe?

In meinen Augen schon! Ich zähle fast jede Gruppe Gleichgesinnter, die sich austauschen und gemeinsam versuchen will etwas für sich oder andere zu bewirken, zur Selbsthilfe. Besonders, wenn sie nicht an Leistung oder Profit orientiert ist. Das dürfen Sie natürlich sehen wie Sie möchten. Und, dass es in der Zukunft andere Formen der Selbsthilfe geben wird, da bin ich mir sicher!

In diesem Kapitel möchte ich mit Ihnen eine Reise durch die unterschiedlichen Arten und Formen der Selbsthilfe machen. Lassen Sie uns bei dem was wir betrachten ruhig ein wenig ungezwungen bleiben, denn die Selbsthilfe ist so vielfältig, dass es kaum möglich ist, von *„der Selbsthilfe"* zu sprechen. Außerdem verändert sie sich ja auch. Mal sehen, wo sie überall steckt und wie sie tickt. Falls Sie das alles schon kennen oder es Sie nicht so interessiert, dann „beamen" Sie sich einfach in eines der nächsten Kapitel.

Wie sehen Sie die Selbsthilfe?

Da haben viele von Ihnen zunächst Bilder einer typischen Selbsthilfegruppe vor Augen, wie sie z.B. in Spielfilmen gezeigt wird. Die Darstellung der Selbsthilfe in Film und Fernsehen finde ich zwar zumeist grauselig, aber das ist ein anderes Thema. Statistisch war eben nur jeder elfte Erwachsene irgendwann in einer Selbsthilfegruppe und nur ein Drittel hiervon ist dort geblieben, verrät mir Wikipedia. Ich denke, viele Menschen kennen die Selbsthilfe eben nur von der Mattscheibe – aber dies soll uns für den Anfang genügen.

In Spielfilmen sitzen die Mitstreiter einer Selbsthilfegruppe meist im Stuhlkreis oder in Stuhlreihen in einem großen Raum und sprechen im geschützten, vertrauensvollen Rahmen über ihre Belange. Mal wird die Gruppe von einem Therapeuten o.ä. angeleitet oder sie hat einen anderen Anführer und manchmal arbeitet eine Gruppe von sich aus autark, also ohne Leitung. Die Themen derartiger Selbsthilfegruppen sind oft Süchte, Krankheiten und/oder seelische Probleme. All das finden wir in der realen Selbsthilfe auch, denn die meisten Gruppen finden wir tatsächlich in diesen Bereichen – jedoch noch vieles mehr.

Welche Selbsthilfegruppen gibt's nun?

Betrachten wir zunächst die so genannten <u>Suchtgruppen</u>: Bei ihnen geht es grob ausgedrückt darum, stoffliche (also

Alkohol, Drogen, Medikamente etc.) oder nichtstoffliche Abhängigkeiten (Spiel- oder Internetsucht etc.) zu eliminieren, also zu unterbinden. Die meisten Gruppen sind organisiert, d.h. gehören Vereinen, Verbänden oder Organisationen an und sind dadurch weitläufig im Lande verbreitet. Sie arbeiten oft anonymisiert und nach recht strengen Regeln und Abläufen.

Viele Suchtgruppen sind „offen", d.h. der Zugang ist den Betroffenen ohne Anmeldeprozedere oder anderen Schranken möglich. Diese Arbeitsweise bietet den Teilnehmenden einen guten Zugang, viel Halt und Struktur, und Schutz ihrer Identität, was sehr wichtig für den Umgang mit einer Sucht sein kann. All das hat sich über Jahrzehnte so entwickelt und bewährt.

Ebenfalls gut organisiert und entwickelt ist die Selbsthilfe der <u>chronischen Erkrankungen</u>, wozu so ziemlich alles gehört, was deutlich über einen Männerschnupfen hinaus geht. Hierzu gehören beispielsweise Alzheimer, Allergien, Autoimmunerkrankungen, Asthma, Diabetes, Depressionen, alle Arten von Krebs, Muskel-, Weichteil- und Knochenerkrankungen, Multiple Sklerose, Parkinson, Rheuma, Tinnitus und noch sehr viel mehr.

Körperliche und geistige Behinderungen sind zwar keine Krankheiten, ich möchte die Gruppen und Organisationen von der Arbeitsweise trotzdem hier zurechnen. Ich hoffe mir wird dieser Fauxpas verziehen. Bei behinderten Menschen ist mir aufgefallen, dass sie es gar nicht mögen, „behindert" genannt zu werden. Oft höre ich: *„Wir sind nicht behindert – wir werden behindert."* Auch das ist Selbsthilfe, wenn wir darauf achten,

Menschen gegenüber möglichst wenig Schranken, Hürden oder eben Be*hinderungen* aufzubauen.

Was ich bei den vielen Organisationen immer sehr beeindruckend finde, ist welches Engagement die meist ehrenamtlich Tätigen entfalten, um Informationen zu sammeln und anderen zur Verfügung zu stellen. Sie organisieren Fachvorträge, Symposien, Veranstaltungen oder Kongresse und schaffen es, dass sich Ärzte und Fachleute daran beteiligen. Nicht zuletzt setzen sie sich in Politik und im Gesundheitswesen für ihre Belange ein und tragen so zu einer nachhaltigen Verbesserung ihrer, aber auch der generellen gesellschaftlichen Lage bei. „Chapeau" oder Hut ab vor den Leistungen dieser Menschen!

Ein weiterer Bereich betrifft die Psychosozialen Gruppen, die meist nicht in Verbänden o.ä. organisiert sind. Sie machen einen Großteil der Selbsthilfegruppen aus und sind für mich das Urgestein oder die Keimzelle der Selbsthilfe. Damit möchte ich darauf hinweisen, dass fast alle Organisationen einmal mit einer kleinen Selbsthilfegruppe begonnen haben.

Die Mitglieder von psychosozialen Gruppen treffen sich zu einem selbst gewählten Thema, was durchaus Sucht oder eine (chronische) Erkrankungen sein kann. Außerdem sind sehr individuelle Themen zu finden, wie zum Beispiel Frauen/Männergruppen, kulturelle Gruppen und besonders häufig Gruppen zu seelischen Problemen oder Störungen, wie Angst, Depressionen, Essstörungen, Einsamkeit, Phobien oder Traumata. Hier haben sich einzelne Mitstreiter auf den Weg gemacht, um eine Gruppe zu ihrem Thema aufzubauen, weil es das, was sie brauchten, vielleicht nicht in ihrer Nähe gab. So erging es auch mir und

für euch habe ich dieses Buch geschrieben!

Eines noch: Ich nenne diese Gruppen „psychosozial", da es bei ihnen vornehmlich um das Seelenleben, die „Seelenbande" oder das gesellschaftliche Miteinander geht. Das Durchbrechen von Isolation und Einsamkeit ist für viele Menschen ein ganz wesentlicher Wunsch, weshalb sie solche Selbsthilfegruppen aufsuchen. Gemeinsam wollen sie Ängste und Unsicherheiten überwinden. Und so erreichen sie zusammen etwas für sich oder andere und sie lernen mit ihrer Problematik besser umzugehen. Daher finden wir hier Sport-, Bewegungs- und Freizeitgruppen, die in diesem Falle nicht mit Sportvereinen zu verwechseln sind. Viele Stammtische, Initiativen, Projekte, Werkstätten, Nachbarschaftstreffen und sonstige Hilfsangebote kann man hinzuzählen.

In unserer modernen Welt ist die Vernetzung natürlich nicht mehr wegzudenken und so gibt es inzwischen reichhaltigen Austausch und viele Schnittstellen zwischen den Selbsthilfegruppen. In Nachbarschaftshäusern oder Kontaktstellen, bei Fortbildungen oder Workshops, auf gemeinsamen Treffen, Märkten oder Festivals sehen und reden die Aktiven der Selbsthilfe miteinander. Es entstehen neue Formen der Selbsthilfe, wie Foren im Internet und manche Selbsthilfegruppen haben sich inzwischen fast ganz ins Internet verzogen. Bei sehr seltenen Erkrankungen, wo die Betroffenen über das ganze Land verteilt sind oder bei der „jungen Selbsthilfe", die Social Media vielleicht mehr nutzt als andere Altersgruppen, ist das Internet sicher ein Segen.

Noch etwas zur Arbeitsweise der Gruppen.

Bei einigen Selbsthilfegruppen steht die Verteilung von Informationen im Vordergrund. Bei diesen Gruppen werden die Inhalte der Treffen manchmal schon ein ganzes Jahr im Voraus geplant. Das kann wichtig sein, wenn man externe Referenten zu Vorträgen oder Diskussionsrunden einladen möchte. Aber die meisten Selbsthilfegruppen suchen den gegenseitigen Austausch in Form von Gesprächsrunden. Das entspräche dem bereits beschriebenen Stuhlkreis, in dem die Mitglieder sitzen und miteinander über ihre Themen reden.

Bei der Art der Zusammenarbeit gibt es große Unterschiede in den Gruppen. Meines Erachtens unterscheidet sich die Arbeitsweise der Suchtgruppen doch etwas von der der psychosozialen Gruppen. Bei letzteren Selbsthilfegruppen geht es meist etwas „lockerer" zu, was Struktur, Regeln, Abläufe oder Verbindlichkeit angeht. Der Austausch über das Selbsthilfethema steht zwar überall im Mittelpunkt, allerdings ist beim Umgang mit einer Krankheit oder Behinderung erfahrungsgemäß ein anderes Vorgehen hilfreich als beim Unterbinden von Verhaltensweisen, wie eben bei der Sucht.

Wo beispielsweise bei Angst und Depressionen ein mildes, versöhnliches Klima für ein Aufblühen der Gruppenmitglieder wichtig ist, kann bei Spiel- oder Alkoholsucht genau dies zu einer Verharmlosung des Themas führen, weshalb in entsprechenden Selbsthilfegruppen oft ein klarerer Ton oder strengere Regeln angesagt sind. Sehen Sie das aber bitte nicht als Wertung, auch in Suchtgruppen gibt es sehr Wärme und Verständnis. Trotzdem brauchen andere Themen manchmal andere Vorgehensweisen und darauf möchte ich an dieser Stelle schon mal hinweisen.

Neben Betroffenen gibt's auch deren Angehörige.

Bisher haben wir uns nur mit den Menschen befasst, die direkt mit einem Problem oder von einer Erkrankung betroffen sind. Die Selbsthilfe unterstützt jedoch ebenfalls deren Freunde, Partner, Familien oder Verwandte, also deren Angehörige. <u>Angehörigen Gruppen</u> sind sowohl in Organisationen integriert, als auch in unabhängiger Form zu finden. Die Themen der Gruppen sind so vielfältig, wie Sie es auf den letzten Seiten lesen konnten, aber besonders häufig sind es Suchtthemen, seelische Probleme und in zunehmenden Maße auch die Pflege von Angehörigen. Letzteres ist in unserer älter werdenden Gesellschaft sicher eine ganz besondere Herausforderung. Ebenso gibt es gemischte Gruppen bei denen sich Betroffene und deren Angehörige gemeinsam treffen. Dies ist sicher ein ausgezeichneter Weg miteinander Probleme zu bewältigen.

Belassen wir es zunächst einmal dabei. Das Ganze ist natürlich nur eine Momentaufnahme der Selbsthilfe, denn sie wandelt sich und ich bin gespannt, wie sie zukünftig in Spielfilmen zu sehen ist. Vielleicht sehen wir mal einen Selbsthilfemarkt, wo sich Mitstreiter zu unterschiedlichen Themen austauschen, voneinander lernen und neue Interessenten gewinnen? Möglicherweise eine Selbsthilfegruppe pflegender Angehöriger, die ihre Tricks und Tipps austauscht? Oder wir sehen ein paar Crewmitglieder der „Enterprise" an einem Tisch, um sich über ihre traumatischen Erlebnisse mit den Borg aus dem Gammasektor auszutauschen...?

Die Selbsthilfe ist und bleibt ein Abenteuer, das für mich in der Zukunft liegt, selbst wenn ihre Wurzeln in der Vergangenheit liegen und sie in der Gegenwart lebt.

Übrigens: Bevor Sie das Internet nach einer Gruppe durchforsten: Alle gängigen Selbsthilfeorganisationen finden Sie bei der Bundesarbeitsgemeinschaft Selbsthilfe (=> bag-selbsthilfe.de) und viele lokale Selbsthilfegruppen bei **NAKOS**, der **Nationalen Kontaktstelle für Selbsthilfegruppen** (=> nakos.de).

Platz für Ihre Selbsthilfe :_____

_____...

2. „Gruuple" – die Gruppensuchmaschine

Jeder Suchende sucht doch nur Gutes.

Franz Kafka, Schriftsteller aus Prag, kannte sich auch mit Technik aus

Wäre es nicht klasse, wenn es eine Suchmaschine gäbe, die für uns die passende Selbsthilfegruppe findet? Dazu haben Sie zwar sicher meinen Tipp am Ende des letzten Kapitels gelesen, also bei Nakos oder der BAG-Selbsthilfe nach Selbsthilfegruppen zu suchen. Schnell ein paar Stichworte in einen der Browser eingegeben und schon gibt's ein paar Vorschläge. Aber genügt es, ein paar Gruppen in der Nähe entdeckt zu haben?

Für viele Menschen reicht es, ein paar Adressen zu bekommen und dann einfach zu diesen Selbsthilfegruppen zu gehen. Wobei uns jedoch Google, Wikipedia und all die anderen netten Assistenten des Internets nicht so wirklich helfen können, ist noch herauszufinden,

was *wir* eigentlich suchen oder brauchen.

Manchen Leuten mag es klar sein, worum es ihnen bei der Suche nach einer Selbsthilfegruppe geht. Trotzdem finde ich es wichtig sich genauer damit zu beschäftigen, aus welchen Motiven jemand zu einer Gruppe gehen will. Ihre Beweggründe kenne ich natürlich nicht, Sie vielleicht auch nicht und so hätte ich einige Ideen, wie Sie das herausfinden können...

Zuerst geht's um Ihr Thema: Wissen Sie eigentlich ganz genau, worum es Ihnen geht? Also, sind Sie wirklich suchtkrank oder fehlen Ihnen einfach nur Menschen?

Brauchen Sie nur Informationen über Diabetes oder möchten Sie verstehen und verstanden werden? Das sind natürlich nur einige Beispielfragen, jedoch sollten Sie sich die Mühe machen Ihre primären Bedürfnisse möglichst klar zu ergründen. Insbesondere die Frage, ob das Thema Sucht/Krankheit oder eher doch das Psychosoziale betrifft, wird häufig unterschätzt.

Nehmen Sie sich einen Zettel und etwas Zeit...

Schreiben Sie ein paar Stichworte auf, was Ihnen jetzt dazu einfällt. Hören Sie dabei gar nicht so sehr auf Ihren Kopf, sondern mehr auf Ihren Bauch – der weiß besser was Sie brauchen. Nun sortieren Sie die Worte in der Reihenfolge in der sie Ihnen wichtig erscheinen. Vielleicht streichen Sie noch etwas heraus oder schreiben etwas hinzu. Eine Nacht darüber geschlafen, noch einmal drauf geguckt und korrigiert – dann sollte es passen. Schon haben Sie Ihr Thema und Ihre Bedürfnisse ganz gut eingegrenzt.

Vielleicht steht auf Ihrem Zettel jetzt statt „Diabetes-Gruppe" noch „Gespräche", „Kontakte", „Bewegung", „Freizeitaktivitäten" oder Ähnliches. Mit diesen Stichworten sind Sie dann bestimmt besser aufgestellt als die meisten Menschen, die eine Gruppe suchen. Bei Ihrer Recherche sollten Sie nun ein paar geeignete und hoffentlich besser passende Selbsthilfegruppen finden.

Nun können Sie „Gruupeln"!

Zumindest werden Sie sich durch diese Methode ein paar unnötige Treffen in der (für Sie) unpassenden Gruppe ersparen. Das ist schon deshalb wichtig, weil viele Menschen nach wenigen missglückten Kontakten zur Selbsthilfe aufgeben. *„Selbsthilfe? Das ist nichts für mich. Das* *habe ich schon ausprobiert...*" heißt es dann enttäuscht. Nun, der Anfang ist gemacht, dass es bei Ihnen anders laufen sollte.

Im nächsten Schritt gilt es, Kontakt zu den Gruppen aufzunehmen und dort weiter zu schauen, was zu Ihnen passt. Dabei werden Sie erfahren, wo und wann sich die Mitstreiter treffen. Häufig geht man direkt zu den Treffen, aber manchmal werden Vorgespräche geführt – das finde ich besonders interessant, da man Weiteres über die Gruppe heraus finden kann! Nutzen Sie die Vorgespräche. Hören Sie zunächst aufmerksam zu und fragen den Leuten danach (!) Löcher in den Bauch. Fragen Sie nach, was von Ihnen erwartet wird.

Gehen Sie frühzeitig zu jedem Treffen, um vorab in Ruhe ein paar Gespräche mit den Mitgliedern führen zu können. Wichtig: Bitte viel zuhören und dann erst fragen. Wir haben schließlich zwei Ohren und nur einen Mund, damit wir mehr zuhören als reden, oder?!

Bei den ersten Treffen empfehle ich stets drei Dinge: Etwas Zurückhaltung sowie Offenheit und Ehrlichkeit. Damit helfen Sie sich und der Gruppe am meisten. Gehen wir die drei Dinge kurz durch.

Anfängliche Zurückhaltung bedeutet für mich vor allem Selbstschutz.

Was wir nicht geäußert haben, brauchen wir später nicht zu bereuen. Trotz allem Vertrauensschutz, der bei Selbsthilfegruppen äußerst hoch angesetzt ist, weiß man doch nie genau, wer die Mitglieder im Einzelnen sind und was vielleicht doch weiter getragen wird. *„Ach, sind Sie nicht der, aus der Filiale an der Ecke...*" erscheint einem weniger schlimm, wenn man seinen Lebensweg eben nicht ausgebreitet hat. Ob den jeder hören will – da habe ich so meine Zweifel. Mit anfänglicher Zurückhaltung „stört" man die Abläufe am wenigsten. Man kann die Gruppe schneller und besser kennenlernen und überfordert weder sich noch die Gruppe.

Ich hoffe, Sie verstehen meine Worte nicht so, dass Sie mit Argwohn zu den Treffen gehen. Vertrauen braucht eben Zeit und die sollen Sie sich und den anderen geben. Zum Vertrauen gehören, wie schon erwähnt, Offenheit und Ehrlichkeit. Was Sie sagen, sollte schon aufrichtig und wahr sein. Aus falsch verstandener Verschwiegenheit wird sonst schnell eine Täuschung oder sie wird als solche begriffen. Das kann man nur schwer wieder gerade biegen. An solcher Stelle sagt man besser ganz offen, dass man etwas (noch) nicht sagen oder preisgeben möchte. In Selbsthilfegruppen wird diese offene Art der Zurückhaltung meistens gut verstanden.

Jede Gruppe ist anders – da erzähle ich Ihnen bestimmt nichts Neues – aber auch jede Gruppe ist bei jedem Treffen anders. Besonders wenn „Neue" hinzu kommen, braucht es eine Weile bis wieder so etwas wie Normalität einkehrt. Selbst meine Gruppe „fremdelt" bei Neuen immer etwas. Ruhige Mitglieder brauchen ganz allgemein ein wenig Zeit um aufzutauen und besonders Eifrige werden mit der Zeit ruhiger. Die Themen und wie geredet wird, verändern sich. Mit der Zeit werden Sie sich langsam an die Gruppe gewöhnen, vieles besser verstehen und können sich insgesamt ein besseres Bild machen. Wofür ich hier plädiere ist,

jede Gruppe öfter zu besuchen,
um sich besser kennenzulernen.

Nun sind Sie irgendwann nicht mehr der „Neuling", haben möglicherweise schon mehrere Gruppen besucht, bereits Kontakte geknüpft und ein Gefühl für die Selbsthilfe bekommen. Wie oder wann wissen Sie, welche die richtige Gruppe für Sie ist? Etwas salopp ausgedrückt: Solange Sie das noch nicht wissen, sind Sie noch auf der Suche.

Sie wissen ja jetzt, wie Sie Ihre Suche gestalten können. Vertrauen Sie dabei ruhig weiterhin Ihrem Bauchgefühl, das trügt selten. Und falls Sie schon mal wissen wollen woran man merkt, dass jemand in einer Gruppe „angekommen" ist – er spricht von *„seiner Gruppe"*...

Eines noch zum Abschluss: Kein Mensch ist perfekt und wenn viele Menschen zusammen kommen, muss das Ergebnis nicht zielsicher in einer perfekten Gruppe münden. Da die meisten Gruppen aus Laien bestehen, die auch ihr Päckchen zu tragen haben und oft „nebenher" noch arbeiten, möchte ich Sie vor allzu hohen Erwartungen an Selbsthilfegruppen warnen. Da ist es bestimmt besser, wenn Sie sich einer thematisch passenden Gruppe anschließen und Ihre Vorstellungen mit der Zeit einbringen. So kann aus einer anfangs nicht ganz perfekten Gruppe mit der Zeit Ihre Seelenbande werden.

Übrigens: Eine andere Methode nach Selbsthilfegruppen zu suchen, wäre das ganze *„old school"* also traditionell anzugehen: Fragen Sie einfach mal andere Menschen.
Möglicherweise gibt es in Ihrem Umkreis vertrauensvolle Personen, die etwas über Selbsthilfe wissen und Ihnen weiterhelfen könnten. Ärzte, Betriebs- oder Personalräte, gute Freunde oder Nachbarn wären beispielsweise gute Ansprechpartner.
Auch in Nachbarschaftshäusern oder Kontaktstellen, bei Veranstaltungen von Krankenkassen, auf Selbsthilfemärk-

ten etc. gibt es viele Möglichkeiten mit Menschen zusammenzukommen. Diese Menschen haben sicher noch weitere Tipps und Vorschläge für Sie. Unter Umständen ist das sogar das bessere Vorgehen, da Sie auf diesem Wege gleich noch ein paar Infos zu der einen oder anderen Selbsthilfegruppe erhalten können.

Notizen für Ihre „Gruuple"-Suche:_____

_____ ...

3. Aufbruch zum Gruppenstart

Zusammenkommen ist ein Beginn,
zusammenbleiben ein Fortschritt,
zusammenarbeiten ein Erfolg.

Henry Ford, amerikanischer Automobilbauer und Rennfahrer

Haben Sie schon einmal geführte Wanderungen, Exkursionen, Museumsführungen oder so etwas mitgemacht? Da kommen interessierte Menschen zusammen und der Initiator hat die ehrenvolle Aufgabe, die Menschen und ihre gemeinsamen Interessen für einige Stunden zu verquicken. Viele Leiter machen das wirklich sehr souverän und routiniert – von ihnen kann man sich einiges abgucken. Denn auch sie haben das irgendwann zum ersten Mal gemacht. Ganz ähnlich geht es jedem, der eine Selbsthilfegruppe gründen will. Man hat eine Idee und sucht Menschen, mit denen man etwas teilen möchte.

Wenn Sie sich mit den Gedanken befassen eine Gruppe zu gründen, dann können Sie hoffentlich auf ein paar Erfahrungen zurückgreifen. Das würde ich Ihnen zumindest sehr ans Herz legen. Vorab einige Gruppen besucht zu haben, sich Eindrücke, Ideen und Konzepte verschafft zu haben, ist meines Erachtens enorm wichtig, damit zu Beginn nicht so viel schief geht. Außerdem haben Sie die Möglichkeit sich Unterstützung zu holen und bei Problemen haben Sie gleich einige Ansprechpartner.

Vorab andere Gruppen besucht zu haben,
hat sich bewährt.

Wie Sie geeignete Gruppen zu Ihrem Thema finden können, haben wir ja im letzten Kapitel beleuchtet und ich hoffe da war etwas für Sie dabei. Sollten Sie mal zur Kur, Reha oder in eine Klinik gehen, treffen Sie häufig auf
Selbsthilfegruppen, bei denen Sie sich einiges abschauen
können. Diese Gruppen sind in der Regel angeleitet, das
heißt, ein erfahrener Arzt oder Therapeut führt durch die
Sitzungen. Da viele Menschen in diesem Rahmen den ersten Kontakt zur Selbsthilfe haben und entsprechend uner-
fahren sind, brauchen Klinikgruppen meines Erachtens
eine sehr gute Anleitung. Vor Ort können Sie sich ebenfalls nach Unterstützung umsehen, sei es konzeptionell
durch die Klinikleitung oder was Neuzugänge durch Mit-
patienten angeht.

Für eine Gruppengründung brauchen Sie vor allem drei
Dinge:

**Einen geeigneten Ort, geeignete Mitstreiter
und ein geeignetes Konzept.**

Lassen Sie uns das wieder Punkt für Punkt durchgehen.
„Ort" und „Mitstreiter" werden wir in diesem Kapitel behandeln, während ich dem „Konzept" einen eigenen Ab-
schnitt widmen möchte.

Ein <u>geeigneter Ort</u> ist neutral, gut zu erreichen und man
sollte sich regelmäßig treffen können. Also in Ärzte- oder
Gesundheitszentren, Kontakt- oder Beratungsstellen,
Rathäusern, Freizeitheimen, Kirchen etc. Dort ist die Barrierefreiheit meist auch kein Thema – gut zu wissen, wenn
das gerade Ihres ist. Ungeeignete Orte finde ich dagegen
private Wohnungen oder öffentliche Lokale, sofern es
nicht zufällig ein Selbsthilfecafé ist. Schützen Sie Ihre Pri-
vatsphäre und die der Teilnehmenden! Irgendwann kann
mal etwas doof laufen und dann brauchen Sie einen ge-

schützten Raum, in den Sie sich zurückziehen können. Ich möchte Ihnen keine Angst machen, aber unterschätzen Sie diese Eventualität nicht!

Wenn Sie an den genannten Orten nach Räumlichkeiten fragen, überlegen Sie, ob Sie gleich um Unterstützung für die Gruppengründung bitten wollen. Besonders in den örtlichen Beratungs- und Kontaktstellen hilft man Ihnen in der Regel gerne. Selbsthilfeorganisationen, sofern Sie zu Ihrem Thema passen, würde ich hier mit einbeziehen.

Schauen Sie sich die Räumlichkeiten gut an und wenn Sie Auswahlmöglichkeiten haben, suchen Sie einen gemütlichen, für Ihr Vorhaben geeigneten Raum. Insbesondere fragen Sie sich vielleicht: Wie sitzen sich die Stühle? Gibt es Tische, falls Sie die benötigen, oder kann man Möbel leicht wegräumen? „Hallt" der Raum oder gibt es eventuellen Lärm von der Straße oder anderen Räumen bzw. Gruppen? Haben Sie guten Zugang zu einer Teeküche und wie erreicht man die „Örtlichkeiten"?

Eine gute Zugänglichkeit der Räume ist wichtig.

Damit meine ich nicht nur die Barrierefreiheit, sondern, ob man z.B. abends gut in ein Haus hineinkommt. Wenn dann schon alles abgeschlossen ist, kann es Schwierigkeiten mit dem Einlass und der Schlüsselverantwortung geben. Denken Sie an Zuspätkommer oder wenn der Schlüsselverantwortliche mal krank wird. Das werden Sie ja hoffentlich nicht immer sein.

Räume sind natürlich nicht immer gleich: Im Winter kann es kalt und dunkel sein und im Sommer heiß und stickig – passt das für Sie und Ihre Mitstreiter oder kann es Probleme geben, die Sie jetzt schon absehen können?

Behalten Sie besonders die zu erwartenden Mietkosten im Auge. Manche Organisationen geben ihre Räume kostenfrei ab, andere verlangen ganz ordentliche Summen. Umgerechnet 1-2,- Euro pro Teilnehmer und Treffen sind gängig. Oft kann man für die Anfangsphase Sonderkonditionen oder Kostenfreiheit vereinbaren – fragen Sie ruhig nach. Die Kosten sollten Sie dann auf die Teilnehmenden umlegen, damit Sie nicht drauf zahlen.

Parallel zur Raumsuche sollten Sie sich überlegen, wie Sie an geeignete Mitstreiter kommen, also Menschen, mit denen Sie sich gerne zu Ihrem Thema austauschen möchten.

Grenzen Sie Ihre Zielgruppe zunächst ein. Wen möchten Sie an Ihrer Seite wissen? Alle Menschen, die sich für ein Thema interessieren? Oder sollten diese Menschen bestimmte Vorerfahrungen, Eigenschaften oder Interessen haben? Möchten Sie beispielsweise das Alter oder das Geschlecht eingrenzen? Dürfen nur Betroffene oder auch deren Angehörige zu den Treffen kommen? Bei einer starken Eingrenzung, schrumpft zwar die Anzahl der Interessenten, aber die Gruppe wird mehr Ihren Erwartungen entsprechen. Machen Sie sich ein paar Notizen und dann geht's an die „Kundenwerbung".

Ein ansprechender Text

für Flyer und Internet sollte da helfen. Was würden Sie gerne lesen, was schreiben andere? Gut wäre eine interessante Überschrift oder ein Gruppenname. *„Die Polarfüchse"* nennt sich z.B. eine Gruppe für Bipolare Störungen. Dann noch ein nicht zu langer, gut lesbarer Text an Ihre Zielgruppe. Etwas über ihr Vorhaben, was neugierig macht und die Leute ins Boot holt. Also nicht *„wir wollen uns mit Sucht und Abhängigkeiten befassen..."* sondern eher *„Sucht ist längst kein Randthema in unserer Gesell-*

schaft – hierüber wollen wir uns austauschen...". Sie kriegen das hin!

Viele Kontaktstellen oder Organisationen helfen beim Drucken und Verteilen von Flyern und Texten oder stellen diese auf ihre Websites. Vielleicht kann etwas in der lokalen Tageszeitung erscheinen? Auch die Frage, an wen sich die Interessenten wenden können, sollten Sie klären. Zuviel private Daten sollten Sie jedoch nicht Preis geben – eine Festnetznummer einer Kontaktstelle wirkt am besten, eine Handynummer oder Mailadresse tut es aber auch. Eventuell kann man diese auch extra für diesen Zweck einrichten. Dann geht's ans Suchen der Interessenten.

Nun muss der Starttermin geplant werden.

Der Wochentag und die Uhrzeit Ihrer geplanten Treffen können sehr entscheidend für die Anziehungskraft Ihrer Selbsthilfegruppe sein. An den Tagen Dienstag, Mittwoch und Donnerstag gehen viele Menschen erfahrungsgemäß am liebsten zur Selbsthilfe. Montag und Freitag fallen dagegen verlängerten Wochenenden schnell mal zum Opfer. Berufstätige Teilnehmer werden abends besser können, während ängstliche Menschen diese Zeiten wegen der frühen Dunkelheit im Winter eher meiden. Leider ist die „Primetime" in der Wochenmitte abends bei vielen Organisationen schnell ausgebucht. Denken Sie trotzdem ein wenig nach, was für Sie und Ihre Teilnehmer gut passen könnte.

Unterschätzen Sie auch die Teilnehmerzahl nicht und starten Sie nicht zu übereilt.

Mindestens 10-15 echte Interessenten sollten Sie schon versuchen zusammen zu bekommen. Manche Ratgeber nennen geringere Zahlen, aber beim ersten Treffen kommen erfahrungsgemäß nicht alle und bei den Folgetreffen werden es auch immer weniger. Meist bleibt weniger als die Hälfte der Interessenten übrig. Das ist ganz normal.

Viele Gruppen gehen baden, weil anfangs nicht genügend Mitstreiter zusammen kommen. Ich nenne das *„die kritische Masse"*. Ist sie zu Beginn schon zu gering, fehlt es an Austausch und Dynamik. Wird es öde, gehen häufig weitere Mitglieder und man ist versucht zu schnell weitere Interessenten dazu zu holen. Aber Menschen, die sich zum ersten Mal treffen, brauchen Zeit sich kennenzulernen. Da kann es sehr störend sein, jedes Mal Neue hinzuzunehmen. Worauf Sie bei neuen Mitstreitern noch achten können, erfahren Sie im Kapitel *„New Kids on the Block"*.

Bei den Treffen liegt eine gute Gruppengröße übrigens im Bereich von 5-8 Teilnehmern. Da sollte es sich irgendwann einpendeln. Sind es weniger Teilnehmer, fehlt es an benannter Dynamik. Sind es mehr, können Einzelne zu kurz kommen und es wird anstrengend zu Moderieren.

Trotz der notwendigen Gruppengröße empfehle ich Ihnen, nicht jeden Bewerber aufzunehmen. Wenn Sie Gespräche mit den Interessenten führen, hören Sie auf Ihr Bauchgefühl. Sie wissen, was Sie vorhaben und wenn es vom Thema oder menschlich bei einem Interessenten nicht passt, dann überlegen Sie sich ein paar beschwichtigende Worte, die Sie dann sagen können. Es findet sicher nicht jeder nett, aber ein Therapeut hat einen treffenden Satz gesagt:

„Damit eine Gruppe funktioniert,
muss man die Störer raushalten."

Das hat sich leider immer wieder als wahr herausgestellt. Sie und die Gruppe haben es sonst schwer, was Sie gerade in der Anfangsphase nicht gebrauchen können. Bei

Menschen, die Druck machen, starke Affekte zeigen, viel reden und nicht zuhören wollen, bin ich inzwischen sehr, sehr vorsichtig geworden.

Vermutlich haben Sie solche Menschen schon bei anderen Veranstaltungen erlebt, wie Führungen oder Exkursionen. Dann haben Sie einen Eindruck, was die Gruppenleiter zu leisten haben, um aus unterschiedlichen Charakteren eine Gemeinschaft zu machen. Das sollten Sie sich nicht zu schwer machen, denn eine Selbsthilfegruppe sollte nicht nur anderen helfen, sondern vor allem Ihnen selbst. Wie das von Anfang an funktionieren kann, möchte ich Ihnen im nächsten Kapitel erläutern.

Übrigens: Kommen wir noch einmal darauf zurück, andere Gruppen zu besuchen, von ihnen zu lernen oder sich Unterstützung zu holen. Hier macht es Sinn zu Gruppen zu gehen, bei denen es gut läuft. Das sind häufig geschlossene Gruppen, aber genau die würde ich kontaktieren. Wenn Sie vorsprechen, wird die Gruppe Ihnen vielleicht helfen.
Es kann lohnenswert sein zu fragen, ob Sie dort nicht eine Weile „hospitieren" dürfen – also der Gruppe beizuwohnen, um etwas von ihr zu lernen. Gerade geschlossene Gruppen stagnieren bisweilen ein wenig und dürften sich über Abwechslung freuen.
Wenn es an Ihre Gruppengründung geht, helfen vielleicht auch ein paar alte Hasen aus der Gruppe. Dadurch läuft weniger schief und „die kritische Masse" wird eher erreicht.

Raum für Ihre Gründung:_____
_____ ...

4. Das erste Mal...

Aus kleinem Anfang entspringen alle Dinge.

Marcus Tullius Cicero, Multitalent der römischen Antike.

Das erste Treffen in der Selbsthilfe ist schon etwas Tolles. Ich hatte das Glück und die Ehre, bei einigen Gruppengründungen dabei sein zu dürfen. Wenn Menschen ganz neu zusammen kommen, sind sie voller Erwartungen und guter Gedanken. Jeder möchte etwas loswerden und sich einbringen. Ist man der Leiter eines solchen Treffens, gilt es sich ein wenig Gedanken zu machen, wie man das Ganze gut kanalisieren kann.

In besonderer Erinnerung ist mir meine eigene Gruppengründung vor vielen Jahren geblieben, in die ich ziemlich blauäugig gegangen bin. Zuvor hatte ich eine Selbsthilfegruppe besucht und in einer Klinik Kontakt mit zwei angeleiteten Gruppen. Die Gruppen entsprachen zwar nicht meinen Vorstellungen, waren aber der Auslöser etwas Eigenes aufzubauen.

Die Erfahrungen, die ich dort machen konnte, waren trotzdem sehr wertvoll und ich hatte einiges an Zuversicht gewonnen. Die Kontaktstelle in meiner Nähe half mir bei der Raumsuche, dem Erstellen von Flyern und den anderen Vorbereitungen. Schon nach einigen Wochen hatte ich genügend Mitstreiter zusammen und die Geschwindigkeit mit der das alles lief, war gut, sonst wären vielleicht noch einige Interessenten abgesprungen.

Beim ersten Treffen war ich sehr, sehr nervös!

Meine Gedanken waren: Wer wird kommen und wie viele werden es sein? Vielleicht zu viele oder noch schlimmer: Es kommen zu wenige. Was werden sie erwarten und werde ich ihren Erwartungen gerecht werden? Einige Interessenten kannte ich, aber wie würden sie sich verhalten, wenn ich versuche das erste Treffen zu leiten? Wie habe ich mir gewünscht, das mir das erste Treffen jemand abnimmt, aber dann wollte ich es doch alleine schaffen.

Falls es Ihnen ähnlich geht: Einfach weiter lesen. Für viele Probleme gibt's Lösungen! Mit einer guten Vorbereitung wird aus Stress vielleicht nur eine angenehme Vorfreude. So geht's mir heute bei Gruppengründungen und Ihnen hoffentlich auch bald.

Jede Gruppe ist anders und das Thema gilt es zu berücksichtigen. Den Unterschied zwischen Psychosozialen-, Angehörigen- oder Suchtgruppen etc. hatten wir im ersten Kapitel und die Vorbereitung bzw. Suche nach Interessenten im vorigen Kapitel beleuchtet. Darauf möchte ich nun aufbauen.

Bereiten Sie den Raum fürs erste Treffen vor.

Den Raum kennen Sie hoffentlich schon und nun geht es daran, ihn für das erste Treffen herzurichten. Da kann man einiges verändern und man nennt dieses Prozedere auch das „Setting".

Besser als an Tischen zu sitzen, ist es einen klassischen Stuhlkreis aufzustellen. Aber wie viele Menschen erwarten Sie? Stellen Sie weniger Stühle auf als Sie bräuchten. Wenn doch alle Interessenten oder mehr kommen, können sich die Teilnehmer gleich miteinander arrangieren, sobald weitere Stühle gestellt werden müssen. Das wirkt besser, als leer gebliebene Stühle oder wenn welche ent-

fernt werden müssen. Möchten Sie sonst noch etwas um-
stellen oder arrangieren, einen Blumenstrauß vielleicht?
Tun Sie, was Sie zum Wohlfühlen brauchen. Es ist schließlich auch *Ihr* Abend!

Möchten Sie einen kleinen Imbiss und Getränke anbieten?
Machen Sie es nicht zu aufwendig. Bei gesundheitlichen
Themen bieten Sie entsprechend gesunde Sachen an. Etwas Wasser, Tee oder Säfte? Kaffee vielleicht nur tags-
über – das sollte genügen. Stellen Sie vielleicht ein Spar-
schwein mit einer Beschriftung „für die Bewirtung" o.ä.
auf, dann wissen die Teilnehmer, dass sie sich gern hier
beteiligen können – falls Sie das so möchten.

Seien Sie rechtzeitig da, um alle Vorbereitungen in Ruhe
abzuschließen und dann jeden Einzelnen begrüßen zu
können.

Was halten Sie von Namensschildern?

Mit Namensschildern bräuchte sich niemand die vielen
neuen Anreden zu merken und jeder kann sich besser auf
den Inhalt des Treffens konzentrieren. Aber: Machen Sie
besser keine Papierschildchen für die Tische oder den
Boden. Schilder stehen später nur im Weg herum, verrut-
schen und sind schwer von allen Seiten zu lesen. Daher
gibt's bei mir breites Malerklebeband und nicht schmie-
renden Filzstift zum Basteln von Namensaufklebern. Bei
mir steht da „Jens" drauf und ich bitte den ersten Interessenten seinen Namen ebenfalls aufzuschreiben.

Die gängige Anredeform „Du" und Vorname, wie es in der
Selbsthilfe üblich ist, kann ich so zu Beginn gleich abfra-
gen. Wem das du nichts ist, der kann ja seinen „Dr. Möller"
drauf schreiben. Jeder wie er mag und jeder weiß dann
gleich darüber Bescheid.

Holen Sie vielleicht die vermietende Kontaktstelle oder Organisation mit ins Boot. Bitten Sie Ihre Kontaktperson ein paar einleitende Worte über die Räumlichkeiten, inhaltliche oder organisatorische Fragen etc. zu sagen. Das machen viele Institutionen sehr gerne, da sie auch ein wenig Werbung für sich machen können und Kontakt zu den Gruppen aufbauen können. Auch ist es für das Treffen eine gute Einleitung, wirkt professionell und das Wichtigste: Es nimmt Ihnen den Stress! Wenn an Sie übergeben wird, kommt das meist gut an und gibt Ihnen eine gute Stellung als Leiter für das erste Treffen. Vereinbaren Sie vorher, ob die Person bleibt, bleiben darf oder danach geht – letzteres würde ich empfehlen, damit sich die Gruppe unter sich fühlt.

Sollte Raummiete zu zahlen sein, dann würde ich das gleich von Ihrer Kontaktperson sagen lassen, falls das möglich ist. Dann haben Sie nicht den schwarzen Peter und jeder weiß, dass das eben so ist. Ziehen Sie den Obolus gleich von Anfang an ein. Manche Leiter wollen das erst nach einigen Treffen einführen und selbst Kontaktstellen gehen damit oft großzügig um. Es schafft aber oft Unbehagen, wenn man nach einigen Treffen damit anfangen muss und „Zechpreller", die nie Geld dabei haben, kennen Sie dann auch gleich. Diese habe ich leider in der Selbsthilfe öfter erlebt und sie zählen selten zu den wirklich wenig verdienenden Menschen.

Fangen Sie pünktlich an.

Warten Sie nicht zu lange auf Nachzügler – je rechtzeitiger Sie beginnen, desto eher wird sich die Pünktlichkeit bei den Folgetreffen einstellen. Wenn die Kontaktperson fertig ist, sind Sie an der Reihe und dürfen ein paar einleitende Worte sagen. Ungefähr 5 Minuten Redezeit für jeden von ihnen Beiden würde ich dabei nicht überschreiten. Begrüßen Sie nun die Menschen noch einmal, nennen Sie kurz Ihre Motive für die Gruppengründung, den geplanten zeitlichen Ablauf und das Ende des Treffens. Planen Sie übrigens immer eine kurze Pause ein, falls das Treffen über eine Stunde geht, damit niemand überfordert wird. Raucher und jene mit einer schwachen Blase werden es Ihnen danken.

Sie könnten jetzt ein paar Worte zu den Regeln, der Struktur oder den Abläufen der Treffen sagen. Oder lassen Sie das doch die Teilnehmer machen. Die wollen jetzt eh alle etwas sagen. Bitten Sie um eine kurze Vorstellungsrunde und fragen dabei, warum jeder da ist. Beginnen Sie als gutes Vorbild und zeigen Sie, wie das aussehen kann. Dann geben Sie das Wort nach links oder rechts ab und lassen es so weiterlaufen. Dadurch läuft es nicht so durcheinander und jeder weiß, wann er dran kommt. Intervenieren Sie nur, wenn etwas schief geht, jemand vielleicht zu sehr ausschweift mit ein paar wertschätzenden, aber richtungweisenden Worten. Wozu?

Die Vorstellung der Teilnehmer ist häufig zu lang.

Ein Kardinalsfehler bei Gruppengründungen ist meiner Erfahrung nach eine ausführliche Vorstellungsrunde, in der jeder haarklein erzählt, was für Leiden er hat, welche Behandlungen er kennt, welche Kliniken und Rehazentren er bereits aufgesucht hat und so weiter und so fort. Nach 5 Minuten hört keiner mehr zu und der Nächste macht vielleicht so weiter. Dann kommen Zwischengespräche auf und die Stimmung ist am Boden. Auch wenn es viele so machen. Das Problem ist häufig, dass niemand sagt und zeigt, wie es anders laufen kann.

Ich versuche den Menschen eine kurze Runde schmackhaft zu machen, da man sich ja eh über die Zeit immer
besser kennenlernt und es mich viel mehr interessiert,
weshalb jeder da ist, was er will, aber auch was er nicht
möchte.

Erwartungen und Befürchtungen zu klären

schafft viel mehr Klarheit über das, was die Gruppe ausmachen soll. Damit schaffen Sie sich und der Gruppe eigene Regeln.

Sie werden hören, was den Menschen wichtig ist und was
sie vielleicht schon Negatives erlebt haben. *„Ausreden
lassen"* oder *„nicht ins Wort fallen"*, *„Freigiebigkeit"* oder
„keine Ratschläge", *„Ernsthaftigkeit"* und *„Vertraulich-
keit"* etc. sind Dinge, die Sie hören könnten und was Ihnen
wichtig ist oder noch fehlt, ergänzen Sie einfach.

Notieren Sie sich die Kommentare und wiederholen Sie
das am Ende der Runde, damit die Gruppe das "abnicken"
oder noch ergänzen kann. Schon haben Sie den Rahmen
Ihrer Gruppe abgesteckt, jeder hat sich beteiligt und in
der Regel fühlt sich das richtig gut an.

Die Gruppe ist bereits ein Stück zusammengewachsen.

Jetzt gilt es da nicht nachzulassen, sondern weiterzuma-
chen. Kreative Methoden werden wir später noch genauer
behandeln, vorerst noch ein paar Vorschläge fürs erste
Mal: Fragen Sie etwas Positives, damit sich die Menschen
weiter kennenlernen können. Ich frage die Menschen gerne nach ihren Kraftquellen, was Ihnen Halt, Kraft oder
Energie im Leben gibt, wo sie lächeln etc. Was dabei her-
auskommt, ergänzt die Vorstellungsrunde optimal.

Die Menschen erzählen von ihren Hobbies oder ihrer Arbeit, den Partnern oder Freunden, ihren Erlebnissen oder Sehnsüchten usw. Besser kann man sich kaum kennenlernen. Achten Sie ein wenig auf die Dosierung – damit meine ich, dass jeder immer nur eine Sache sagt und dann das Wort abgibt. Das bringt mehr Bewegung in die Gesprächsrunde, alle hören gerne zu und sind öfter dran.

Falls das nicht so passt oder sich in der Vorstellungsrunde wichtige Themen ergeben haben, können Sie diese ja auch bearbeiten. Stellen Sie zu dem Thema eine Frage. Tipps und Tricks zur Themenbearbeitung folgen in den nächsten Kapiteln, aber: Fragen sind immer gut! Sie strukturieren die Antworten und erleichtern die Themenbearbeitung. Ein Beispiel: *„...wie komme ich an einen guten Arzt, Therapeuten oder eine Klinik?"*

**Fragen Sie, wie es mit der
Gruppe weitergehen soll.**

Erkundigen Sie sich, wann und in welchem Rhythmus sie sich wieder treffen wollen. Erfragen Sie, ob der Raum, der Wochentag und die Uhrzeit passen. Manchmal kann man da noch etwas ändern. Sie werden vielleicht nicht alle Teilnehmer unter einen Hut bekommen, aber einen Konsens werden Sie sicher finden. Dann wissen alle, wie es weiter geht.

All diese Dinge können Sie in der ganzen Gruppe oder bei sehr großen Gruppen in kleineren Gesprächsrunden bereden lassen. In Kleingruppen können mehr Teilnehmer etwas sagen als in einer großen Runde. Das kommt dem Wohlbehagen und der Meinungsvielfalt aller entgegen. Wenn alle wieder zusammen kommen, fragen Sie nicht nach den jeweiligen Meinungen, sondern danach, was die

Menschen *gehört* haben. Diese Übertragungsleistung schafft nicht jeder, aber es fördert die Sensibilität füreinander. Auch hierdurch wächst die Gruppe.

Nun sind wir langsam am Ende und es ist Zeit für einen guten Abschluss. Da würde ich noch zwei Dinge klären: Zum einen fragen Sie, wann sie wieder „Neue" aufnehmen wollen, da die Gruppe sich vermutlich gerade gefunden hat und Sie das ganze Prozedere nicht bei jedem Treffen wiederholen wollen. Außerdem würde ich fragen, wer beim nächsten Treffen früher dabei sein kann, damit sie sich die Vorbereitung teilen können. Sie sind schließlich eine Gruppe und kein Team (team = „toll ein anderer macht's :o).

Damit es die nächsten Male auch gut für Sie weitergeht, tun Sie gut daran, an dieser Stelle vielleicht ein paar Wünsche an die Gruppe zu richten. Zum Beispiel, dass Sie das Treffen beim nächsten Mal gerne pünktlich beginnen möchten und die Teilnehmenden rechtzeitig da sein sollten. Oder, dass Sie langfristig nicht alles alleine machen wollen und daher Unterstützung bei weiteren Gruppenaufgaben suchen. Da ergibt sich vielleicht frühzeitig Hilfe für Sie.

Nun noch schnell ein „Blitzlicht" zum Ende.

Ein so genanntes Blitzlicht stellt eine bewährte Methode aus der Selbsthilfe dar. Es wird uns immer wieder begegnen und dem ist ein ganzes Kapitel gewidmet. Das Blitzlicht ist eine kurze Gesprächsrunde, in der jeder kurz sein Befinden nennen kann und was ihn sonst noch bewegt. Die Worte der Teilnehmer sollten möglichst nicht kommentiert oder diskutiert werden. Ich frage zum Ende eines ersten Treffens gerne: *„Wie war es für euch? Was war gut,* *was hättet ihr gerne anders gehabt? Und, glaubt ihr, dass ihr wieder kommen wollt?"*

Nach meinem ersten Treffen war die Stimmung recht fröhlich und ausgelassen, auch wenn ich vieles von dem zuvor genannten so noch nicht gemacht hatte. Einige Menschen hatten etwas anderes erwartet und haben das offen ausgesprochen. Das hat zwar geschmerzt, aber es war wichtig hier Klarheit zu haben. Der Grundstein war gelegt und so lief es bereits die nächsten Male geschmeidiger weiter. Es dauerte aber noch eine Weile bis aus unserer Selbsthilfegruppe eine Seelenbande wurde.

Übrigens: Nach dem ersten Treffen sind viele Gründer sowohl bereichert als auch ziemlich erschöpft – besonders, wenn ein knapper Kräftehaushalt Teil Ihrer Problematik ist, wird das fast unausweichlich sein. Das ist völlig normal und dem sollten Sie Rechnung tragen.
Gehen Sie Ihre Gedanken kurz durch und machen Sie sich vielleicht ein paar Notizen, was Sie zum nächsten Treffen berücksichtigen wollen. Genießen Sie Ihre Erlebnisse und nach einer Nacht oder einem Wochenende geht vieles leichter.

Platz fürs erste Mal:_____
_____ ...

5. Darf es Moderation oder Leitung sein?

Wie fruchtbar ist der kleinste Kreis,
wenn man ihn wohl zu pflegen weiß.

J. W. von Goethe, neugieriger deutscher Dichter und Staatsmann

Führen Sie eine Selbsthilfegruppe an, bzw. wollen Sie das vielleicht einmal machen? Falls ja, dann habe ich zwei Fragen an Sie. Zum einen, was sind Sie: Moderator oder Leiter? Und zum anderen, was wollen Sie tatsächlich sein? Das kann einen großen Unterschied machen...

Jeder, der eine Gruppe lenkt, sollte sich damit beschäftigen, was er bei den Treffen tut und ob es zu ihm, dem Thema und seiner Gruppe passt. Darum geht's in diesem Kapitel. Kleine Anmerkung an dieser Stelle: Ansprechpartner einer Selbsthilfegruppe werden oft „Gruppenleiter" genannt und das ist durchaus richtig so. Allerdings ist nachfolgend mehr die *Führung* der Treffen und der Gespräche gemeint.

Die Gesprächsführung zu übernehmen ist eine verantwortungsvolle Aufgabe.

Sie ermöglicht den Teilnehmenden sich besser auf den Inhalt zu konzentrieren.

Die Art der Gesprächsführung macht oft erst den Unterschied zwischen einer lockeren Kaffeeklatschrunde und einer ernsthaften Selbsthilfegruppe. Jeder, der diese Aufgabe übernimmt, hat so seinen Stil entwickelt, aber grob kann man zwei Typen unterscheiden: Gruppenleitung und Gruppenmoderation.

Bei dieser Unterscheidung geht es in meinen Augen vor allem darum, wer die *Entscheidung* für den Verlauf der Gespräche trifft. Entscheidet der Gesprächsführer, handelt es sich eher um eine Gruppenleitung. Entscheidet dagegen eher die Gruppe, wird es sich wohl um eine Gruppenmoderation handeln.

Beides hat so seine Vor- und Nachteile, aber schauen wir zunächst, wie man die beiden Typen erkennen kann:

**Mit Fragen wird moderiert
und mit Ansagen geleitet.**

Mit dieser kleinen Faustformel kann man die Typen gut auseinanderhalten und hat schon eine Hilfestellung, wie man ganz generell moderieren oder leiten kann. Nachfolgend zwei Beispiele.

Der Leiter eines Treffens würde zum Beispiel über den Ablauf sagen: *„Lasst uns zunächst kurz besprechen, was für unser Jahrestreffen zu tun ist, dann wie es Klaus geht und zuletzt, was sonst noch so anliegt...!"*

Dagegen würde der Moderator fragen: *„Wir hatten geplant, heute über unser Jahrestreffen zu sprechen. Aber Klaus scheint es nicht so gut zu gehen und da sollten wir vielleicht noch drüber reden. Wie seht ihr das und habt ihr noch weitere Themen...?"*

Bei ähnlichem Inhalt kann man sich ausmalen, dass die Treffen nun einen ganz anderen Verlauf nehmen können. Gehen wir mal davon aus, dass durch den Stil des Gesprächsführers keine Widerrede im Publikum aufkommt, würde das Treffen beim Leitungsstil (wir machen das so...!) zügig weiter gehen. Beim Moderationsstil (wie ma-

chen wir das nun...?) muss der Ablauf zunächst abge-
stimmt werden, was einige Zeit in Anspruch nehmen kann.

Dabei sind die Teilnehmer ganz unterschiedlich einge-
bunden. Der Leitungsstil lädt die Gruppe kaum zum Mitge-
stalten der Treffen ein, während der Moderationsstil die
ganze Gruppe eher zum Mitreden und Mitbestimmen ermutigt. Was einerseits zeitlich vielleicht aufhält und viel
Abstimmungsarbeit erfordern kann, schafft andererseits
viel mehr Entwicklungsmöglichkeiten für die Gruppe und
deren Treffen.

Welcher Stil nun für eine Gruppe grundsätzlich besser
passen könnte, wäre sicher die nächste Frage. Kommen
wir kurz noch einmal zum ersten Kapitel zurück, wo wir
verschiedene Gruppentypen kennengelernt haben. Demnach sind in Suchtgruppen klarere Töne und strengere
Regeln anzutreffen als in psychosozialen Gruppen. Dementsprechend passt der Leitungsstil gewiss besser zu
Suchtgruppen und der Moderationsstil eher zu psychosozialen Gruppen. Das ist natürlich sehr pauschal und nur
als Richtschnur zu betrachten.

Ebenfalls zu berücksichtigen sind die Teilnehmer.

Eine Gruppe, die sich kaum kennt bzw. eher passiv ist
oder viel Fluktuation hat, wird sicher mehr Leitung benötigen als eine eingeschworene Truppe, wo sich jeder schon
lange kennt und gerne mitmischt. Auch bei zunehmender
Teilnehmerzahl hat man es mit dem Leitungsstil einfacher
durch ein Treffen zu führen. Klare Ansagen geben in solchen Situationen vielleicht mehr Halt, wodurch sich die
Gruppe einfacher auf die Gespräche konzentrieren kann.

Wenn Sie die letzten beiden Kapitel zur Gruppengründung
noch vor Augen haben, werden Sie vielleicht festgestellt

haben, dass ich dort meist von „Leitung" gesprochen habe. Diese ist bei Gruppengründungen in vielen Situationen durchaus angebracht, damit das erste und besonders wichtige Treffen auch erfolgreich verläuft. Zu starkes Eingehen auf jedes persönliche Anliegen kann an solchen Stellen kontraproduktiv sein. Manche Gruppen verlieren sich dann im *„es-allen-recht-machen"* wollen. Beim Start einer Gruppe kann man schon mal ein paar Dinge vorgeben und diese im Laufe der Zeit an die Wünsche der Gruppe anpassen.

Ganz anders ist es, wenn sich eine Gruppe besser kennt und sich ihre Mitstreiter entwickeln wollen. Dann sind ja gerade alle Gedanken und Ansichten gefragt. In solchen Situationen ist der Moderationsstil überaus angesagt, der dann möglichst viel Input von den Teilnehmern einholen kann. Offene Fragen, die es den Teilnehmern ermöglichen ihre Sichtweise wirklich auszusprechen, sind da meiner Erfahrung nach hier sehr hilfreich. Achten Sie darauf, dass Sie mit Fragen keine Antworten vorgeben. Also besser nicht: *„Seht ihr das auch so, dass...?"* sondern einfach: *„Wie seht ihr das...?"*

Moderation und Leitung
sind auch situationsbedingt.

Nun ist die Welt ja bekanntlich nicht schwarz oder weiß. Es gibt immer wieder Situationen, wo das zuvor beschriebene nicht ganz passt. Damit meine ich Begebenheiten, wo jeder kluge Leiter in die Moderation wechselt oder jeder Moderator zum Leitungsstil greift. Lassen Sie uns hier mal ein paar Beispiele betrachten.

Ein Leiter handelt in der Regel nach zuvor abgesprochenen Abläufen und Konzepten. Diese immer wieder einmal in der Gruppe zu besprechen, bedeutet auf die Wünsche und Ansichten der Mitstreiter einzugehen, diese zu diskutieren und abzustimmen. Das geht nur mit vielen offenen Fragen, also dem Moderationsstil. Vielleicht ist der Gesprächsleiter einmal mit seinem Latein am Ende und braucht Unterstützung. Auch das geht am besten mit dem Moderationsstil: *„Puh, ich weiß gerade nicht weiter und bräuchte mal ein paar Vorschläge, wie wir hier weitermachen können...?"*

Anders herum kann in einer super moderierten Gruppe mal was richtig quer laufen. Bei andauernden Störungen kann man mit dem Moderationsstil mal an seine Grenzen kommen und ein paar klare Ansagen sind vielleicht gefragt: *„Ich möchte euch bitten, sich wieder an unsere Regeln zu halten und jeden ausreden zu lassen!"* kann manchmal durchaus angebrachter sein als: *„Wollen wir weiterhin alle durcheinander reden lassen – wie seht ihr das...?"*

Kurz zusammengefasst kann man also sagen: brauchen Sie Klarheit, dann leiten Sie mit Ansagen. Brauchen Sie Vielfalt, dann moderieren Sie mit Fragen. Ansonsten ist es wie beim Kochen: An jedem süßen Gericht gehört etwas Salz und an jedem herzhaften Gericht ein wenig Süße.

Nun, wer mag´s eher süß und wer eher herzhaft?

Jetzt mache ich mal ganz kurz das Schubladendenken auf und hoffe es kräuselt Ihnen nicht gleich die Fußnägel hoch. Ich behaupte ganz kühn, dass es vielen Herren lieber ist, deftig zu leiten, wogegen viele Damen lieber süß moderieren. Das hat nichts mit hart oder weich, gut oder schlecht zu tun. Es ist einfach nur meine Beobachtung über die Jahre in der Selbsthilfe. Meiner Ansicht nach macht es ja Sinn, die Gesprächsführung so zu übernehmen, wie es einem liegt, also wie Mann oder Frau es für richtig erachten. Außerdem hat jeder von uns ja so seine maskuline und feminine Seite...

Die Gesprächsführung ist halt eine Charakterfrage und da gibt es kein richtig oder falsch – sie muss ganz einfach zu einem passen. Ich kann nicht gegen meinen Strich moderieren oder leiten und auch Sie werden vielleicht bemerkt haben, dass nicht alle Vorschläge in diesem Kapitel für Sie geeignet sind. Probieren Sie trotzdem das eine oder andere mal aus und entscheiden *hinterher*, wie es sich für Sie und Ihre Truppe eignet. Manchmal vertut sich sogar ein Koch beim Süßen oder Salzen...

Anzumerken ist, dass eine Gesprächsführung nicht erlesen werden kann –

man muss die Gesprächsführung
erfahren und praktizieren.

Vielleicht haben Sie die vorgenannten Beispiele ein wenig zum Nachdenken angeregt oder Sie haben sich die Situationen sogar vorgestellt. Nun, die Vorstellungskraft ist eine starke Kraft, die viel bewirken kann. Sie ist so etwas wie Halb-Praxis und das möchte ich hier mit Ihnen nutzen.

Ich beschreibe Ihnen nachfolgend eine Situation, in die wir alle einmal kommen können und bitte Sie sich da hinein zu versetzen. Wenn Sie das möchten, dann lesen Sie die nächsten Zeilen langsam, quasi in Zeitlupe und stellen Sie sich die Begebenheiten, den Raum, das Mobiliar und die Mitstreiter bildlich vor. Zum Ablauf mache ich Ihnen ein paar Vorschläge und erwähne, was wichtig sein könnte. Sie entscheiden natürlich für sich, ob das passen oder ganz anders aussehen sollte.

Die Situation, die ich Ihnen vorschlage, wäre folgende: In Ihrer Selbsthilfegruppe sind nach längerer Zeit ein paar neue Interessenten aufzunehmen. Jetzt möchten Sie das mit Ihrer Gruppe abstimmen. Der bisherige Gesprächsführer ist nicht da und Sie haben das nun an der Backe. Sie hatten einen guten Tag und gehen entspannt zur Gruppe.

Stellen Sie sich das Treffen ruhig einmal vor.

Das Treffen beginnt und zunächst werden Sie Ihre Mitstreiter natürlich ordentlich begrüßen – das kommt immer gut, auch wenn es vielfach vernachlässigt wird. Überlegen Sie sich das in Ruhe – wie würden Sie das machen und was würden Sie sagen? Dann fragen Sie ein kurzes Blitzlicht ab und hören den Teilnehmern gut zu. Sie sind nun möglicherweise froh, dass es allen gut geht und keine weiteren Themen angesprochen wurden.

Jetzt also Ihr Auftritt: *„Liebe Mitstreiter – beim nächsten Mal werden wir wieder ein paar Neue aufnehmen können und ich brauche eure Unterstützung. Ich hätte gerne Uli und Isa dabei und hoffe ihr habt Zeit?!"* Uli kann vielleicht nicht, aber Sie fragen weiter, bis Sie zwei „Freiwillige" haben und mit denen kurz abstimmen, wie sie die Neuaufnahme beim nächsten Mal angehen.

Im Leitungsstil würden Sie das Ganze sicher mehr vorgebend und bestimmend formulieren: *„Gut, dann machen wir das so, dass wir drei uns beim nächsten mal 30 Minuten früher treffen und die Neuen empfangen...!"*

Im Moderationsstil dagegen würden Sie mehr fragend vorgehen, sich verschiedene Meinungen einholen und die Teilnehmer abschließend fragen, ob eine von Ihnen so verstandene Lösung akzeptiert wird: *„Schön, ich habe das* *dann so verstanden, dass wir uns ca. 40 Minuten früher treffen, den Raum und etwas Bewirtung vorbereiten, um die Neuen zu empfangen – ist das OK so?!"*

Formulieren Sie in Gedanken ein paar Sätze, prüfen Sie, was klappen könnte und zu Ihnen passt – so mache ich das auch immer wieder als Vorbereitung für ungewohnte Situationen.

Und wie endet das Treffen? Es verläuft dann gewiss wie gewohnt, mit üblichen Themen und Abläufen. Vielleicht gibt's noch eine kurze Pause. Zum Abschluss dann noch ein kurzes Blitzlicht und Sie verabschieden die Teilnehmer dann natürlich ordentlich.

Ich hoffe, Sie konnten sich gedanklich darauf einstellen und haben ein paar Ideen oder Erkenntnisse für sich gewinnen können. Notieren Sie sich diese gerne am Ende des Kapitels und lassen Sie uns schauen, was sonst noch interessant sein kann.

Ob Sie nun lieber leiten oder moderieren: Bei den Treffen kann und soll immer wieder eine Diskussionsrunde aufkommen. Dafür möchte ich Ihnen fast am Ende des Kapitels noch etwas auf den Weg geben. Bei einer Diskussion sollten Sie möglichst darauf achten, dass zunächst jeder Teilnehmer die Gelegenheit hat seinen Beitrag los zu werden.

Fragen Sie besonders die ruhigen Menschen nach Ihrer Meinung!

Es ist ähnlich wie beim Blitzlicht wichtig, das jeder zunächst etwas gesagt hat oder zumindest dazu eingeladen wurde, bevor die eigentliche Diskussion los geht. Wenn Sie so vorgehen, werden Sie inhaltlich meist mehr für die

Teilnehmer und die Gruppe erreichen. Starke Gesprächsteilnehmer lenken sonst oft die Gespräche und Lösungen
in eine Richtung und schwache Gesprächsteilnehmer ziehen sich zurück. Es braucht vielleicht ein wenig Geduld
und Übung, um hier bei manchen Teilnehmern einen Ver-
haltens- oder Sinneswandel zu erreichen, aber es lohnt
sich! Schreiten Sie einfach mit ein paar guten Worten ein:
*„Wollen wir nicht noch kurz hören, wie Klaus und Bärbel
das sehen...?"*

Und lassen Sie sich stets genug Zeit, sowohl beim Reden,
als auch beim Zuhören. Kein Moderator oder Leiter, sollte
vorschnell auf seine eigenen Fragen antworten. Da dürfen
Sie der Gruppe den Vortritt lassen und eher zum Schluss
Ihren Beitrag hinzugeben.

Lassen Sie mich abschließend noch anmerken, dass es für
viele von uns nicht einfach ist, vor einer Gruppe zu sprechen und auch nicht eine solche zu leiten. Zu Beginn geht
oft viel schief und man möchte dann gar nicht weiter machen. Geben Sie sich und der Gruppe Zeit. Sprechen Sie
eventuell mit der Gruppe oder einzelnen Vertrauensper-
sonen darüber – das Feedback ist meist besser, als man
denkt. Bleiben Sie also bitte dran und freuen Sie sich über
jedes einzelne gelungene Ergebnis.

Weitere Moderationstipps werden Sie in fast jedem Kapiteln zu den entsprechenden Themen finden.

Übrigens: Eine Gesprächsführung zu übernehmen bedeutet eine Rolle zu übernehmen. Sie können und sollen das
ruhig authentisch machen. Aber lächeln Sie dabei – einem
freundlichen Gesicht kann man kaum etwas abschlagen
und verzeiht ihm gerne so manchen Fehler.

Egal, ob Sie moderieren, leiten oder einfach nur Ihr Ding durchziehen. Es macht einen großen Unterschied, mit welcher Miene Sie das tun – also lächeln Sie :o)

Platz für Ihre moderate Leitung:_____

_____...

6. Wie viel Regeln braucht das Land?

Ich mach´ mir die Welt, wie sie mir gefällt...

Pippilotta Viktualia Rollgardina Pfefferminz Efraimstochter, kurz „Pippi Langstrumpf", Kinderheldin, ungewollt erschaffen von Astrid Lindgren

Ist die Selbsthilfe nicht manchmal so ein „Taka-Tuka-Land", wie es Astrid Lindgren mit ihrem dritten Roman erschaffen hat? Kurz zur Info: Das „Taka-Tuka-Land" ist ein imaginärer Inselstaat in der menschenleeren Südsee. Dort wimmelt es nur so vor abenteuerlichen Piraten, die sich ihre eigene Welt erschaffen haben und fröhlich vor sich hin leben. Ja, das klingt doch sehr vertraut nach der Selbsthilfe...

Haben Sie inzwischen Ihr „Taka-Tuka-Land" gefunden oder neu gegründet? Und, wie läuft´s? Gibt es dort Regeln? Halten sich die Piraten daran und wie geht der Kapitän damit um?

In manchen Gruppen scheint es nämlich gar keine klaren Regeln zu geben oder beschlossene Abläufe fallen dem Tagesgeschäft und den Befindlichkeiten der Teilnehmer zum Opfer. Wenn alle das so möchten, warum nicht? Schlimm ist das allerdings, wenn Sie der Gruppenleiter sind, die Gruppe vielleicht noch neu ist und alle jetzt erwarten, dass Sie das wieder hinbiegen...

Ohne Regeln und Disziplin geht's nicht.

Regeln und Disziplin hängen ganz eng zusammen. Es hilft schließlich nichts, wenn eine Gruppe die tollsten Regeln hat und keiner sich daran hält. Da sind zwar alle Piraten gefragt sich gegenseitig ein gutes Vorbild zu sein. Aber ein gutes Vorbild zu sein gilt vor allem für den Kapitän, dem die Mannschaft ja oft wie blind folgt. Was er vermasselt, wird nach unten hin meist immer schlimmer.

Grundsätzlich gilt: Je mehr Regeln es gibt und je komplexer die sind, desto weniger werden sie verstanden, akzeptiert und dementsprechend umgesetzt. Deshalb:

Je einfacher die Regeln sind, desto besser.

Regeln sollten eigentlich nur das Zusammenspiel der Mitstreiter im Positiven beeinflussen, also lassen Sie uns doch die Regeln positiv formulieren. Damit meine ich, möglichst keine Verbote, sondern richtungweisende Wünsche artikulieren. Der Wunsch nach Pünktlichkeit wäre hier ein positives Beispiel, ein Handyverbot dagegen nicht so gut. Das geht sicher noch besser.

Wie kann man nun Verbote positiv formulieren? Es geht doch vor allem darum, was mit den Verboten erreicht werden soll und das kann man dann entsprechend benennen. Die meisten Verbote betreffen das Verhalten der Teilnehmer und es sollen damit unnötige Störungen vermieden werden. Ob ein Handy nun an oder aus ist, ist den meisten Menschen doch wurscht...

Bitten Sie statt vieler Verbote
um ein „gutes Benehmen".

Gute Manieren bzw. gutes Benehmen sind einfach zu verstehen und im Interesse aller Beteiligten. Eleganterweise betrifft dies sowohl das Verhalten der Teilnehmer an sich, als auch deren Gespräche. Wildes Dazwischen quatschen, Nebengespräche, ins Wort fallen, Endlosmonologe etc. – das hat schließlich alles nichts mit guten Manieren zu tun. Machen Sie diese einfache Regel Ihren Mitstreitern schmackhaft und schon können Sie sich einen Haufen anderer Bestimmungen ersparen.

Eigentlich könnte es das ja schon gewesen sein, denn mit dieser Regel, kann man fast alles abstellen, was ein Selbsthilfetreffen stören könnte. Mit der Zeit habe ich allerdings festgestellt, dass es da noch ein paar Dinge gibt, die gesondert geregelt werden sollten.

Eines dieser Dinge ist, die oft mangelnde Aufmerksamkeit der Teilnehmer. Wenn Sie es schon einmal erlebt haben, wie eine ernsthafte Fragestellung immer wieder durch themenfremde Redebeiträge oder Seitengespräche gestört wurde, dann kennen Sie das. Sofern dieses Verhalten nicht symptomatisch, also krankheitsbedingt für Ihre Mitstreiter ist, finde ich es sehr schade um die wertvolle gemeinsame Zeit. Hier wäre sicher der Wunsch angebracht nach

Achtsamkeit und Aufmerksamkeit
für sich und die Gruppe.

Mit dieser kleinen Regel kann man den Fokus der Teilnehmenden gut auf das Gruppengeschehen ausrichten und abschweifende Redebeiträge besser wieder einfangen. Man muss ja den Zeigefinger nicht ständig heben, aber hier und da um besagte Aufmerksamkeit zu bitten, geht in den meisten Gruppen sehr einfach.

Des Weiteren spreche ich die Teilnehmer mit dieser Regel bei Bedarf immer wieder darauf an, mehr auf sich selbst zu achten. In einer Gruppe ist es sehr wichtig, dass Probleme frühzeitig erkannt und angesprochen werden. Da ist jeder Einzelne gefragt, denn

Störungen haben Vorrang!

Wenn in der Gruppe öfter mal was im Argen ist oder Potential dafür besteht, dann sollte dem mit einer solchen kernigen Regel begegnet werden. Dann weiß ein jeder Bescheid, dass er das auch ansprechen kann bzw. soll. Ansonsten habe ich dem Umgang mit Problemen und Konflikten ein eigenes Kapitel gewidmet. Da werden Sie mehr darüber erfahren, wie man in solchen Situationen weiter verfahren kann.

Eine funktionierende Gruppe braucht natürlich gegenseitiges Vertrauen. Kennen Sie da den Satz: *„Alles was in diesem Raum besprochen wird, soll ihn nicht verlassen."* Nun, mit der Zeit gefällt mir dieser immer weniger. Das liegt daran, dass ich meine Erkenntnisse aus den Gesprächen mitnehmen und mit anderen teilen möchte. Oder bei Problemen auch mal mit vertrauensvollen Menschen reden möchte. Darf ich das dann oder verletzte ich dann diese Regel?

Den Vertrauensschutz sehr ernst nehmen,

halte ich für eine bessere Regel. Damit ist gemeint, dass die Personen und deren Persönlichkeit gegenüber Außenstehenden nicht erkannt oder bloß gestellt werden. Damit werde ich mir und meinen Mitstreitern sicher besser gerecht. Ich kann über Dinge, die mich bewegen vertrauensvoll reden und achte darauf, dass niemand mehr über meine Verbündeten erfährt als unbedingt nötig. Vielleicht ist es für manche Menschen ein wenig Wortklauberei, aber für andere macht es einen Unterschied zu wissen, ob und wie sie über die Treffen reden können.

Die drei Regeln, gutes Benehmen, Aufmerksamkeit und Vertrauensschutz werden vielleicht nicht ganz Ihren oder den Geschmack Ihrer Mitstreiter treffen. Sie sind nur als Richtschnur gedacht. Vielleicht müssen Sie diese Regeln noch konkretisieren, da jeder etwas anders darunter verstehen kann. Oder Ihre Selbsthilfegruppe ist in eine Organisation eingebettet, die ganz eigene Regeln vorgeschrieben hat. Wenn Sie denen verpflichtet sind, sollten Sie natürlich keinen Palastaufstand anzetteln.

Trotzdem kommt es in den besten Familien immer wieder vor, dass abgestimmte Regeln nicht gut umgesetzt werden. Da mag es sinnvoll sein darüber zu reden und deshalb:

Fragen Sie Ihre Mitstreiter regelmäßig.

Sie sollten das spätestens tun, wenn es immer wieder mal Probleme gibt oder es irgendwie kriselt. Oft merkt man dies schon, wenn die Gespräche nicht mehr reibungslos laufen, die Leute nicht mehr regelmäßig kommen oder Neue nicht lange bleiben. Oder ganz simpel, wenn es die Piraten im „Taka-Tuka-Land" wieder einmal zu bunt treiben und sich partout nicht an abgesprochene Regeln halten wollen.

Dann ist es sicher wieder einmal Zeit, den Regelbrechern auf die Zähne zu fühlen. Fragen Sie, was die Mannschaft bei den Treffen schätzt und was sie anders haben wollen. Damit schafft sich eine Gruppe immer wieder ihre eigenen Regeln und macht deutlich, was gewollt ist und was eben nicht.

Manche Gruppen schreiben sich die selbst geschaffenen Regeln dann nicht nur auf, sondern lassen sie sich von Neuzugängen gegenzeichnen. Wie weit Sie da mit Ihrer Gruppe gehen wollen, liegt in Ihrer Hand. Für alle Kapitäne dieser Selbsthilfewelt: *Macht euch die Welt, wie sie euch gefällt!*

Übrigens: Viele Regelwerke scheitern, wenn es um das Thema Pünktlichkeit geht. Einigen Menschen fällt es schwer, ihre Zeit so einzuteilen, dass sie rechtzeitig zu den Treffen erscheinen. Das stört nicht nur die pünktlichen Menschen, sondern die Zuspätkommer selbst. Wenn man gerade noch rechtzeitig erscheint, ist man innerlich noch gar nicht richtig da. Etwas zu spät zu sein, bedeutet den Anfang nicht richtig mitzubekommen. Zum Treffen zu hetzen, ist ja im Straßenverkehr auch nicht gerade ungefährlich usw.

Um das zu durchbrechen sieht unsere Lösung so aus, dass wir bewusst versuchen 10-15min vor unserem Start Vorort zu sein. So kann jeder in Ruhe ankommen, Nebengespräche müssen nicht während des Treffens sein und falls wirklich jemand mal zu spät kommt, setzt er sich in Ruhe hin und alle nehmen darauf Rücksicht.

Platz für Ihre Regeln:_____
_____
...

7. Der perfekte Ablauf

Weißt Du, wie Du Gott zum Lachen bringen kannst?
Erzähl ihm Deine Pläne...

Blaise Pascal, listiger französischer Mathematiker und Philosoph

In den letzten Kapiteln haben wir uns mit der Gesprächsführung und den Gruppenregeln befasst. Beides steht eng
im Zusammenhang mit dem zeitlichen Ablauf eines
Selbsthilfetreffs. Denn alle drei sind die Elemente die einer
Selbsthilfegruppe Halt und Struktur geben. Darauf kommt
es für eine gute Zusammenarbeit an und deshalb wollen
wir mal schauen, wie wir das unterstützen können.

Aber wo fangen wir am besten an, wenn wir den perfekten
Ablauf für ein Selbsthilfetreffen planen wollen? Vielleicht
von vorne nach hinten, aber immer mit ein paar Beispie-
len, wie man es vielleicht besser nicht machen sollte!?

Die vergessene Begrüßung und Verabschiedung hatten
wir im vorletzten Kapitel schon beleuchtet. Oft gehen diese unter und die Teilnehmer wissen eigentlich nur dadurch, dass der Gesprächsführer spricht, dass es los geht
oder, dass er eben nicht mehr spricht und sie nach Hause
gehen können. Das ist doch schade, lässt sich aber ganz
einfach besser machen.

Eine freundliche Begrüßung und Verabschiedung

sollten den Rahmen eines jeden Treffens bilden. Das darf
ruhig kurz und knapp sein, gibt aber Halt und Orientie-
rung. Dadurch, dass es jedes Mal bewusst gemacht wird,

entsteht auch ein Ritual welches den Zusammenhalt stärkt.

Apropos Rituale: Wie wäre es mit einer Klangschale zu Beginn und Ende. Solange es bongt, ist es schön leise und jeder kann in sich spüren.

Dann folgt das eigentliche Blitzlicht. Konzept und Arten des Blitzlichtes werden wir in einem späteren Kapitel noch abhandeln, aber vorab kann ich schon verraten, dass es sich dabei um eine kurze Befindlichkeitsrunde der Anwesenden handeln sollte.

Oftmals entsteht aber ein „unendliches Blitzlicht" und das geht so: Beginnt ein Teilnehmer das Blitzlicht mit einem längeren Monolog, z.B. über die Dinge, die er seit dem letzten Treffen erlebt hat, werden oft weitere Diskussionen um diese Themen angeregt. Ist man dann fertig, geht's mit dem nächsten Mitstreiter oft genau so weiter. Häufig kommt der Letzte gar nicht mehr richtig dran und einmal habe ich es sogar erlebt, dass dieser einen Todesfall im engsten Kreis erlebt hatte. Der Super-Gau – hätte man das nur früher gewusst, dachten wir alle. Wie will man das noch korrigieren?

Ein kurzes Blitzlicht hat sich bewährt.

Daher erfragen Sie zu Beginn und zum Abschluss eines jeden Treffens, wie Ihre Mitstreiter drauf sind und was sie bewegt. Auf die Frage: *„Wie geht es euch"* werden Sie dabei in der Regel nur *„gut"* oder *„nicht gut"* zu hören bekommen. Also fragen Sie besser: *„Wie ist eure Stimmung und was bewegt euch?"*

Die Frage nach Gefühlen oder Stimmungen ist zwar nicht jedermanns Sache – meine war es beim ersten Selbsthilfekontakt auch nicht. Aber mit der Zeit werden die Antworten auf derartige Fragen inhaltlich viel aussagekräftiger. *„Ich bin glücklich, traurig, abgespannt, sauer, verliebt, habe Schmerzen etc.*" sagt eben viel mehr aus, als lediglich *„gut"* oder *„nicht gut"*, selbst wenn im Anschluss noch das ganze Wochenerlebnis erzählt werden würde. Machen Sie es vor und haken Sie ruhig einmal nach, wenn Sie doch wieder nur *„gut"* oder *„nicht gut"* zu hören bekommen.

Nach dem Blitzlicht geht es in den Gruppen ganz unterschiedlich weiter. Vielleicht gibt es erst einmal ein paar Entspannungsübungen. Eventuell werden Gäste empfangen, z.B. ein Arzt, mit dem gesprochen wird oder der einen Vortag hält. Möglicherweise gilt es ein paar „Neue" zu begrüßen oder es wird, wie meist üblich, in eine Gesprächsphase übergegangen.

Gesprächsphasen verlaufen ganz unterschiedlich. Oft wird aber einfach drauflos gequatscht und es findet keine besondere Themenfindung statt. Das empfinde ich als sehr schade, weil dadurch Themen von leisen Gruppenmitgliedern vernachlässigt werden, die sich nicht so leicht Gehör verschaffen können – denken Sie nur an den Super-Gau mit dem Todesfall auf der vorherigen Seite. Manches sprechen Betroffene nicht leicht von alleine an und es müssen Abläufe her, die das berücksichtigen!

Nach dem Blitzlicht kommt die Themenfindung.

Aus der Blitzlichtrunde kann man eigentlich schon ganz gut erkennen, welche Themen die Teilnehmer beschäftigen. Ich frage beim Moderieren immer gleich, ob das Gesagte ein Thema für die Runde sein könnte. Dann fasse ich die Beiträge kurz zusammen und frage in welcher Reihen-

folge wir die Themen besprechen wollen. Kurz abge-
stimmt, steht damit eigentlich schon die Tagesordnung.

Noch ein Satz zur Reihenfolge der Themen: In der Selbsthilfe sollten wichtige persönliche Dinge ganz automatisch
Priorität haben. Alles was einem „unter den Nägeln
brennt" oder hochaktuell ist, hat eigentlich von Natur aus
den Vorrang. Auch wenn es mal nicht zum Gruppenthema
gehört, hilft das Reden über persönliche Probleme allen
Beteiligten *sich selbst zu helfen* (= Selbsthilfe).

Und wenn es mal keine dringenden Themen gibt, ist mal
Zeit für alltägliche Fragestellungen. Es ist erstaunlich wie
viel Wissen in einer Gruppe steckt, wo man es gar nicht
vermutet. Was ich schon alles für praktische, technische,
medizinische, juristische oder soziale Sachen gelernt habe –da hat mir meine Gruppe sehr weitergeholfen und ich
möchte sie nicht mehr missen. Nutzen Sie das doch auch,
wenn es sich ergibt!

Wie laufen Ihre Gesprächsrunden praktisch ab? Erzählt
jemand etwas und die anderen sagen, was sie dazu denken? Geben die Teilnehmer Hinweise, machen Vor- oder
Ratschläge? Im Kapitel „Darf es Moderation oder Leitung
sein?" haben wir doch gelernt, dass man mit Fragen viel
weiter kommt.

Lassen Sie die Themen als Fragen einbringen.

Das hat sich bei uns durch Zufall so ergeben, aber wir haben schnell gemerkt, dass unsere Gesprächsrunden damit effektiver laufen. Die Frage: *„Ich habe Probleme mit
meinen Eltern... – kennt ihr das und wie geht ihr damit
um?"* ist recht kurz und man kann leicht und zielgerichtet
darauf antworten.

Natürlich muss nicht alles bis zum Geht-nicht-mehr optimiert werden, aber mit Einleitungen wie *„Meine Eltern machen dies und das. Das macht mir Probleme und ich fühle mich so und so..."* braucht es einfach viel länger für alle Beteiligten, um auf den Punkt zu kommen.

Achten Sie hier wieder darauf, dass zunächst möglichst alle einmal etwas gesagt haben. Achten Sie auf die stillen Menschen und fragen sie nach ihrer Ansicht. Wenn das Thema dann beendet scheint, dann machen Sie nicht sofort mit dem Nächsten weiter.

Fragen Sie nach einem Feedback.

Besonders derjenige, der das Thema eingebracht hatte, sollte vielleicht kurz sagen können, was er mitnimmt. Dabei geht es nicht darum, jedem seinen Dank auszusprechen, sondern ehrlich zu sagen, ob ihn das Besprochene etwas weiter bringen konnte. Dadurch ergeben sich bisweilen noch weitere Einsichten und man lernt sich besser kennen. Achten Sie darauf, dass in dieser Feedbackrunde kein neues Thema aufgemacht wird. Ähnlich wie beim Blitzlicht geht's nur um kurze Statements.

Wie wär's jetzt mit einer kleinen Pause? Manche Gruppen „machen durch" und nehmen dabei vielleicht zu wenig Rücksicht auf die Befindlichkeiten der Teilnehmer. Dabei meine ich weniger die Raucher, sondern eher die mit einer schwachen Blase oder verminderten Konzentration.

Nach einer kurzen Pause geht's weiter...

Nach einer Pause sind wir alle frischer und die Aufnahmefähigkeit ist gleich viel höher. Nur aufpassen, dass die Pause nicht zu lange dauert und die Teilnehmer sich in

Nebengesprächen festquatschen. Wenn das öfter passiert, machen Sie es notfalls zum Thema.

Was halten Sie von Redezeiten für die Themen? Wenn jeder weiß wie viel Zeit er für sein Thema hat, ist das doch fair? Manche Gruppen handhaben das so und es gibt dann oft die Möglichkeit seine Redezeit zu verschenken. Andererseits brauchen manche Themen mehr Zeit als andere und es kann schwer fallen, eine solche eingeführte Regel einzuhalten. Das kann in der Gruppe diskutiert werden.

Wenn sich Ihre Gruppe dagegen lieber so viel Zeit für ein Thema nehmen will, wie es nun mal braucht und dadurch andere Themen hinten runter fallen, dann gibt es ja auch noch den

Themenspeicher für vernachlässigte Themen.

Ein Themenspeicher ist letztlich nur ein Zettel auf dem notiert wird, was man ein andermal besprechen möchte. Mit ihm geht nichts verloren und er sollte gut aufbewahrt werden. Vielleicht geben Sie das an einen pflichtbewussten Mitstreiter, der die notierten Themen bei Gelegenheit einbringt.

Nun sollte nicht nur dieses Kapitel, sondern unser gedankliches Treffen langsam zu einem guten Ende gekommen sein. Ob der vorgestellte Ablauf für Sie und Ihre Gruppe schon perfekt ist oder Sie noch daran feilen müssen, liegt bei Ihnen, aber vergessen Sie nicht den Abschluss des Treffens.

Runden wir das Ende mit einem kurzen Blitzlicht ab: *„Wie war es für euch – wie ist eure Stimmung?"* und vergessen wir nicht die Verabschiedung: *„Tschüss und bis zum nächstes Kapitel!"*

Übrigens: Seien Sie ein bilderbuchmäßiges Vorbild. Das klingt jetzt vielleicht ein wenig nach Moralapostel, aber es ist besonders in der undankbaren Phase, wenn es noch nicht so läuft mit den neuen Regeln, Abläufen und Konzepten, sehr, sehr wichtig.

Menschen sind es gewohnt Verhaltensweisen zu spiegeln. Wenn Sie sich an abgesprochene Dinge halten oder vorleben, was Ihnen wichtig ist, werden es die anderen Teilnehmer Ihnen nachtun.

In Gruppen dagegen, wo der Gesprächsführer z.B. Blitzlichter ausdehnt und viele Zwischenfragen stellt, wird sich das negativ auf die anderen Mitstreiter übertragen.

Besonders wenn „Neue" dazu kommen, werden alle Verhaltensweisen von denen gespiegelt. Deshalb ist es besonders wichtig, dass sich die etablierten Gruppenmitglieder an ein vorbildliches Verhalten gewöhnt haben.

Bahn frei für Ihren vorbildlichen Ablauf :_____
_____...

8. New Kids on the Block

Step by step, ooo, baby, I really want you in my world...
Step one! We can have lots of fun
Step two! There's so much we can do...

Donnie Wahlberg Liedsänger bei „NKOTB", heute Schauspieler

Die Aufnahme „Neuer" in eine Selbsthilfegruppe ist neben der Gruppengründung sicher eines der spannendsten, aber auch wichtigsten Themen in der Selbsthilfearbeit. Viele Gruppen vernachlässigen dieses Thema und manche scheitern sogar daran. Ich denke man sollte sich hier ein wenig Mühe geben, denn

eine erfolgreiche Integration ist das „A und O" für die Zukunft einer Selbsthilfegruppe.

Bekanntlich hat jede Gruppe eine gewisse Fluktuation. Wenn Neue aber nicht lange bleiben oder andere durch sie wegbleiben, kann es kritisch werden. Gibt es mehr Abgänge als Zugänge bluten manche Gruppen mit der Zeit regelrecht aus. Dieses Gebilde ist dann irgendwann nicht mehr arbeitsfähig, weil nur noch wenige alte Teilnehmer Regeln, Abläufe und Konzepte vorleben und weitergeben können. Das kann sehr frustrierend sein.

Andererseits haben neue Mitstreiter viel Potential und können frischen Schwung in die Hütte bringen. Sie haben neue Ansichten, Verhaltensweisen und natürlich ihre ganz eigenen Probleme, mit denen die Gruppe sich beschäftigen kann. Auch unter diesem Aspekt lohnt es sich diese Menschen so zu integrieren, dass sie gerne bleiben und

Ihre Selbsthilfegruppe unterstützen. Das wiederum kann sehr bereichernd sein und da will ich mit Ihnen hin.

Nun macht das ja jede Gruppe anders mit der Eingliederung und meist gibt es gute Gründe dafür. Lassen Sie uns zunächst ein paar gängige Methoden dafür ansehen und wie sich diese auf die Fluktuation und das Gruppenleben auswirken können.

Viele Gruppen machen ja fast nichts.

In solchen Gruppe können Neue bei jedem Treffen dazu stoßen und somit wird der Zugang zur Selbsthilfe enorm erleichtert. Ich wäre vielleicht nie zur Selbsthilfe gekommen, wenn es so ein Vorgehen nicht gegeben hätte.

Zu Anfang wird das Blitzlicht oft um eine Vorstellungsrunde erweitert, wodurch man sich ein wenig kennenlernen kann. Neue Teilnehmer dürfen meist von Anfang an mitdiskutieren und ihre Fragen oder Probleme einbringen. Regeln und Abläufe werden einfach vorgelebt oder zu Beginn kurz erläutert. Hält man das ganze kurz und knackig, bin ich ein Fan von solchem Vorgehen. Ausufernde Blitzlichter oder Vorstellungsrunden finde ich dagegen recht kontraproduktiv fürs Gruppenleben, wie ich bereits im letzten Kapitel geschrieben habe.

In gut funktionierenden Gruppen mit einem harten Kern ist „fast nichts machen – einfach vorleben" eine tolle Strategie. Schnell kann eine solche Gruppe wachsen und viel weitergeben. Diese Gruppen sind oft sehr groß und können auch damit umgehen. Bei gewollt kleinen Gruppen, kann diese Strategie aber schnell an Grenzen stoßen und ist dann vielleicht nicht die beste Wahl.

Schwierig wird es, wenn der Kern nicht wirklich hart ist oder das Vorleben nicht so klappt. Dann können Unklarheiten und Unzufriedenheit entstehen. Die Gruppe läuft nur noch wie ein Durchlauferhitzer – das System läuft heiß, Frustration und Fluktuation steigen rasch an und die, die bleiben, nehmen nicht mehr viel mit.

Andere Gruppen kümmern sich dagegen ganz besonders um ihre neuen Mitstreiter und nehmen diese gerade zu Beginn sehr in den Mittelpunkt des Gruppengeschehens.

Wenn Neue zu Beginn sehr im Fokus stehen, kann ja eigentlich nichts schief gehen, oder?!

Das hat so seine Vor- und Nachteile. Es ist sicher gut, wenn sich eine Gruppe um ihren Neuzuwachs kümmert, alles erklärt und viel Zeit für deren Probleme oder Fragen einräumt. So wissen die Neuen von Anfang an gut Bescheid und können sich zudem rasch Erleichterung für ihre Belange verschaffen. Manche Anwärter haben das vielleicht gar nicht erwartet und sind schnell mit der Gruppe verbunden.

Wenn sich die Gruppe hier vorab ein wenig Gedanken macht und es nicht übertreibt, kann die Eingliederung mit dieser Strategie sehr rasant und erfolgreich verlaufen. Trotzdem ist dieses Vorgehen nicht jedermanns Sache und kann sehr frustrierend für die Gruppe sein.

Wer die Selbsthilfe nicht kennt, hat zu Beginn oft gar nicht so viele Fragen. Sind diese beantwortet, gibt es für diese Menschen manchmal keinen Grund mehr zu den Treffen zu gehen. Da fragen sich viele in der Gruppe, wo diese Leute bleiben und was man falsch gemacht hat. Hier die Erwartungen an die Neuen nicht zu hoch anzusetzen, ist für viele nicht leicht, aber wichtig.

Ein Vorgehen, welches „Neue" in den Mittelpunkt stellt, kann kontraproduktiv sein. Manche Menschen vertragen gar nicht viel Aufmerksamkeit und da gilt es behutsam mit ihnen umzugehen. Wenn solche Personen später aufblühen, können sie eine enorme Bereicherung für die Selbsthilfe darstellen. Daher sollten gerade ruhige Menschen nicht unbeabsichtigt vertrieben werden.

Dann gibt es natürlich noch gegenteilige Charaktere, die gar nicht genug Aufmerksamkeit haben können. Sie sind freundlich, aber reden viel, jammern und weinen auch. Ist da ein Wall gebrochen kann das ein ganzes Treffen und manchmal sogar eine ganze Gruppe versenken. Wenn eine Gruppe die Strategie verfolgt, neue Leute in den Mittelpunkt zu stellen, kann das sehr kritisch werden.

Treffen übrigens die beiden letztgenannten Charaktere zusammen, leidet in der Regel der Stillere und zieht sich zurück. Das betrifft oft alteingesessene Teilnehmer und kann hier zum stetigen Wegbleiben oder Zunahme der Fluktuation führen.

Darüber hinaus sollte man bedenken, dass die alten Hasen auch zu kurz kommen, wenn ständig „Neue" mit ihren Themen im Vordergrund stehen. Das kann ein dauerhaftes Problem werden. Eine Gruppe wird dann vielleicht nie richtig arbeiten oder sich mit den Themen der ursprünglichen Mitstreiter befassen. Das kann für viele sehr frustrierend sein und zu weiteren Austritten führen.

**Man sollte sich überlegen,
wie viel Raum man Neuen geben möchte.**

Da die Aufnahme neuer Mitstreiter immer einer hohen Aufmerksamkeit rund um dieses Thema bedarf, gibt es ein paar Möglichkeiten, die Gruppe und die Treffen hier nicht über Gebühr damit zu strapazieren.

Vereinbaren Sie feste Termine für Aufnahmen.

Treffen sich Gruppen häufig und regelmäßig, können sie die Aufnahme auf bestimmte Tage beschränken. Bei einem wöchentlichen Treffen bietet es sich beispielsweise an, nur 1x im Monat „offen" für Neue zu sein. Zum Beispiel zu Beginn oder am Ende des Monats.

Wenn neue Teilnehmer seltener dazu kommen, hat das den Vorteil, dass man sich ganz automatisch ausreichend Zeit für sie nehmen kann. Andererseits werden häufige Vorstellungsrunden, bei denen sich die Etablierten stets aufs Neue „outen" müssten und vielleicht mit der Zeit immer das Gleiche erzählen, vermieden.

In der Zeit bis zur nächsten Aufnahme kann man sich in Ruhe kennenlernen und es bleibt mehr Zeit für andere Themen, die störungsfrei bei den Folgetreffen weitergeführt werden können. Das bietet sich auch für die „in den Mittelpunktnehmer" an, wo nun der harte Kern nicht zu kurz kommen muss.

Im Übrigen ist es denkbar, dass nicht bei jedem Treffen mit Neuzugängen zu rechnen ist. Dann kann es ebenfalls besser für eine Gruppe sein, die Aufnahme zu regulieren. Die Gruppe weiß dann ganz genau, wann „Neue" kommen könnten und wann nicht. Dadurch kommen neue Mitstreiter nun gebündelt. Sie bilden eine kleine Gruppe und können sich untereinander austauschen. Nicht selten habe ich erlebt, dass Menschen, die zusammen in einer Gruppe „neu" waren, sich später enger verbunden fühlten oder sogar Freundschaften entwickelten.

Auch denkbar und z.B. in einigen Suchtgruppen prakti-ziert, ist das Partnerbilden. Dabei wird einem Novizen ein alter Hase zur Seite gestellt, der Ansprechpartner und Kümmerer für ihn sein kann. Der kann dem Neuling alles in Ruhe erklären. Das braucht aber einen wirklich strapa-zierfähigen Kern, der ausreichend Zeit und Muße hat, sich um einen Neuzugang zu kümmern. Vielleicht ist das ja ei-nen Gedanken in Ihrer Gruppe wert.

Den Anwärtern für eine Selbsthilfegruppe die Regeln, Strukturen und Abläufe näher zu bringen, halte ich für äu-ßerst wichtig. Besonders wenn die Gruppe noch nicht so stabil oder problemlos läuft und das „Regeln vorleben„ nicht so richtig klappt, ist das bedeutsam. Nun können Sie das während des ersten Treffens machen, oder

Sie führen einfach ein Vorgespräch!

Natürlich gibt es wieder einige Optionen. Zunächst: Es ist sicher bei einer nicht so stabil laufenden Gruppe ge-schickt, die Regeln usw. immer wieder aufs Neue auszu-sprechen – steter Tropfen höhlt bekanntlich den Stein. Aber zusätzlich kann man sich mit Vorgesprächen mehr Schutz für die eigentlichen Treffen verschaffen.

Haben Sie ein ganz schlechtes Gefühl bei den Interessen-ten, sollten Sie vielleicht sogar mit einem freundlichen Vorwand absagen. Der Schutz der Gruppe, aber auch Ih-rer eignen Ressourcen, ist oft wichtiger als jeden Men-schen retten zu wollen. Mit einem Vorgespräch ist es meist bei problematischen Kandidaten einfacher, sie für Ihre Sache zu gewinnen und sie fügen sich einfacher in Ihre Gruppe. Wir hatten schon Leute bei uns, mit denen wir uns wunderbar verstanden haben und die zuvor durch viele Selbsthilfegruppen gereicht wurden.

Wie können diese Vorgespräche nun aussehen? Irgendwie haben die Interessenten ja Kontakt zu Ihnen aufgenommen. Hat man Sie nun telefonisch oder per Mail kontaktiert, dann erläutern Sie dem Interessenten, wer die Gruppe ist, wie sie tickt, was beim Gruppentreffen wichtig ist und stehen natürlich für weitere Fragen zur Verfügung. Aufpassen, dass die Gespräche nicht ausufern und notfalls ein paar Seelsorge-Telefonnummern zur Hand haben!

Diese Gespräche habe ich zu Beginn meiner Selbsthilfe-Karriere oft geführt, als ich noch nicht so die Unterstützung durch meine Selbsthilfegruppe hatte. Das kann sehr zeit- und nervenaufreibend sein, da man nie weiß, wann die Menschen anrufen und wie viel Zeit es braucht. Daher bin ich später dazu übergegangen, diese Gespräche persönlich *vor* dem eigentlichen Treffen und möglichst mit Unterstützung eines Mitstreiters aus der Gruppe zu führen. Hier frage ich besonders gerne die letzten „Neuen", da bei denen noch alle Eindrücke frisch sind und sie sich klasse in die Interessenten hineinversetzen können.

Bitten Sie „Neue" um etwas Zurückhaltung.

Trotz bester Vorarbeit kann es durch den Neuzuwachs zu Störungen in der Selbsthilfegruppe kommen. Gerade Menschen, die viel „senden" oder ungewollt dominieren, möchten wir aber gut integrieren. Daher haben wir uns angewöhnt, diese anfangs um besagte Zurückhaltung zu bitten. Hiermit wollen wir vermeiden, dass sie sich oder die Gruppe überfordern und wir uns behutsam kennenlernen können. Sollten Sie an Typen gestoßen sein, die dauerhaft Probleme machen, lassen sie sich mit Verweis auf diese Regel gewiss einfacher wieder entfernen.

Ich habe erlebt, dass es Gruppen gibt, die den Neuen anfangs nur eine gewisse Zeit einräumen und sie z.B. nach der Pause bitten zu gehen. Hiermit verschafft man sich ein wenig Raum oder Abstand und kann über eigene Themen oder auch die Neuen reden – natürlich vertrauensvoll.

Irgendwann muss man darüber reden, ob man die Anwärter nun endgültig aufnehmen möchte. Das sollte man nach einigen Treffen, möglichst unter deren Abwesenheit machen, damit alle frei reden können.

**Die Entscheidung zur Aufnahme
sollte einstimmig sein.**

Gibt es einzelne Mitglieder, die mit den Neuen nicht gut klar kommen und werden diese übergangen, kann das Folgen für die Zukunft der Gruppe haben. Der Schutz sollte den Alteingesessenen gelten. Warten oder diskutieren Sie notfalls solange, bis eine allseits tragbare Einigung erzielt werden kann.

Wenn es an der Zeit ist die Neuen nun feierlich aufzunehmen, dann ist ein guter Zeitpunkt weitere Kontaktdaten auszutauschen und ein paar Worte über den Datenschutz zu verlieren. Niemand möchte, dass seine Daten außerhalb der Gruppe verteilt werden oder diese unnötig nach Beendigung der Mitgliedschaft behalten werden. Dazu hat mich meine Kontaktstelle förmlich hingewiesen – nun tue ich das bei Ihnen. Außer bei Freundschaften lösche ich alle vergangenen Kontakte regelmäßig, was in der Selbsthilfe üblich sein sollte.

Ich hoffe, dass mit den vielen Tipps und Ihrer eigenen Ideen Ihre „New Kids" mit der Zeit gut heranwachsen, ein wichtiger Teil Ihrer Gruppe sein werden und sich weiter entwickeln. So wie die anfänglich zitierte Band „New Kids on the Block" schon lange keine Teenieband mehr ist, aber jeder Mitstreiter sich durch die gemeinsame Zeit weiterentwickeln konnte – *Step by step...*

Übrigens: Männer ticken bekanntlich anders und Frauen auch. Da steckt viel Potential für die Meinungsvielfalt und Problembewältigung in der Selbsthilfe drin.
Überwiegt der Männer- oder Frauenanteil, dann scheinen oft deren Meinungen oder Ansichten zu überwiegen. Sofern Ihr Gruppenthema das zulässt, kann es Sinn machen auf diese Anteile zu achten. Ist ein Geschlecht in der Unterzahl oder gar alleine, verhält es sich oft wie ein „scheues Reh" und flüchtet.
Reden Sie frühzeitig in der Gruppe darüber und überlegen gemeinsam, wie man dem begegnen kann – zum Beispiel die Gruppe eine Weile für ein Geschlecht zu schließen, bis das Verhältnis wieder stimmt.

Spielplatz für Ihre „Kids":_____

_____ ...

9. Gleich geht's weiter – nach der Werbung…

Selbst der liebe Gott hat es nötig,
dass für ihn die Glocken geläutet werden.

Aus Frankreich, dem Land der Liebe…

Und, geht's bei Ihnen in der Gruppe weiter und voran? Haben Sie genügend Mitstreiter oder ist bei Ihnen irgendwie der Wurm drin. Manche Gruppen treten auf der Stelle: „Die kritische Masse" kommt nicht zusammen oder die Fluktuation ist immens und es geht einfach nicht weiter. Da kann gezielte Werbung helfen. Aber was, wie und wo?

Zunächst kurz zur Werbung. Sie ist nichts Besonderes und selten bahnbrechend. Im Fachjargon geht es nur darum bekannte Informationen auf geeigneten Wegen an eine Zielgruppe zu bringen. Kommerzielle Werbung ist dabei inzwischen oft manipulierend, sehr emotional oder sogar täuschend – das hat in der Selbsthilfe nichts zu suchen und das haben wir nicht nötig, oder?! Also bleiben wir stets sachlich und informieren nur.

Suchen wir zunächst alle relevanten Informationen, die wir verteilen möchten.

Vielleicht haben Sie schon einen Flyer oder etwas im Internet zu stehen – vergessen Sie das erst einmal. Falls ihre Werbung gut ist, brauchen Sie das Kapitel natürlich nicht weiter zu lesen. Ansonsten sollten Sie zunächst besser nicht auf das Vorhandene zurückgreifen.

Notieren Sie sich zunächst alle ZDF – also Zahlen, Daten und Fakten zu Ihrer Gruppe. „Sie" könnte ich jetzt auch klein schreiben, da nicht nur Sie allein, sondern Ihre ganze Gruppe an diesem Prozess mitwirken kann und sollte. Also: Wer sind sie, wie viele, wo, wann, wie oft treffen sie sich und wie lange schon usw. Machen Sie mit Ihrer Gruppe ein Brainstorming und notieren alle Gedanken.

Dann überlegen Sie sich bitte ein paar Begriffe und Eigenschaften, die Ihre Gruppe gut beschreiben. Auch die Arbeitsweise der Gruppe kann interessant sein. Bei uns kamen so Begriffe wie: „kollegiale Beratung", „gewaltfreie Kommunikation", "Achtsamkeit", „Wertschätzung", „Freigiebigkeit" und „Humor" zusammen. Was charakterisiert Ihre Gruppe?

Ein guter Name und „Slogan" kann sehr helfen.

Falls Sie noch keinen Namen für Ihre Gruppe haben, dann wird es jetzt aber Zeit. Überlegen Sie, ob ein vorhandener Name noch passt oder einen Untertitel verträgt. „Depressionsgruppe IV" oder ähnliches findet man oft, wenn man den Arbeitsnamen von Kontaktstellen behält, die ihre Gruppen einfach durchnummeriert haben. Das geht doch besser, oder?!

Überlegen Sie mal kurz, warum man die „AA" Gruppen bei der Suche in Verzeichnissen sofort sieht? Genau: Einen Buchstaben am Anfang Ihres Gruppennamen zu haben, kann eventuell nützlich sein. Statt „Zauberladen" also lieber „Ankerplatz"? Wenn der neue Name noch nicht genug über das Gruppenthema aussagt, sollte das im Untertitel konkretisiert werden.

Nun geht's ans Zusammenfügen der ganzen Informationen. Erst der Titel mit einem treffenden Untertitel. Dann die ZDF-Informationen mit dem Wo und Wann über Ihre Treffen. Welche Zielgruppe ist gemeint und im Anschluss noch ein paar kurze Zeilen über die Gruppe und ihre Arbeitsweise. Vielleicht noch ein selbstgemachtes Bildchen, eine Zeichnung oder ein Logo drauf? Zuletzt noch ein wenig formatiert, sodass das Ganze geschmeidig aussieht – fertig ist der Flyer!

Noch einfacher ist es sicherlich, wenn Ihre Kontaktstelle oder vermietende Organisation Vorlagen für einen Flyer hat. Dann brauchen Sie Ihre Informationen nur noch dort einzufügen. Oft gibt es in den Vorlagen eine Anfahrskizze oder Beschreibung über das Haus, die wertvoll für Ihre Interessenten sein können. Wenn Sie einen eigenen Flyer erstellen, denken Sie vielleicht auch an solche Beschreibungen.

Format und Druck mit wenig Aufwand.

Ich gehe mal davon aus, dass Sie nicht unbedingt eine Druckerei für Ihre Infodrucke nutzen, also noch kurz etwas zum Format. Als Grundformat eignet sich die Größe A4 eines normalen Schreibblattes am besten. Das unterstützt eh jedes PC-Schreibprogramm. Ob Hoch- oder Querformat ist sicher Geschmackssache. Man kann das dann einfach ausdrucken, aber auch sehr gut im Druckformat zerteilen. Mit Zwei- oder Vierseitenausdruck werden dann mehrere Flyer pro Seite ausgedruckt, die anschließend zugeschnitten werden können.

Schmalere drei Spaltenausdrucke gehen unter Umständen, müssen aber zuvor etwas mühsam im Schreibprogramm formatiert werden. Etwas leichter zu formatieren sind Doppelseitenausdrucke oder gefaltete Flyer. Machen Sie sich aber nicht zu viel Arbeit und überlegen Sie, ob es unbedingt ein Farbdruck sein muss. Es geht ja hier nicht um eine Hochglanzbroschüre.

Nun können Sie Ihre Flugblätter verteilen. Nutzen Sie hier Ihre Mitstreiter. Denken Sie dabei an Nachbarschaftshäuser, Beratungsstellen, Sozialstationen, Kirchengemeinden, Krankenhäuser oder Arztpraxen und Apotheken. Wenn es „schwarze Bretter" gibt, eignen sich diese immer besonders gut für Ihren Aushang. Gesundheitsbezogene Anlaufstellen sind insgesamt meist besser geeignet als Cafés oder Einkaufsläden etc. Aber vielleicht passt das ja doch zu Ihrem Thema oder Anliegen?

Wem Handzettel zu altmodisch sind, der kann ein anderes Format nutzen. Die gute alte Postkarte erlebt seit einiger Zeit eine Renaissance als Werbemedium.

Statt Flyer geht auch mal ´ne Postkarte.

In Restaurants, Cafés oder Vorzimmern finden wir das gute alte Postkartenformat immer häufiger. Die Hartpappe im DIN-A6 Format wird als ansprechende Visitenkarte für alle möglichen Anlässe und Infos immer wieder genutzt - warum also nicht für eine kurze Botschaft über Ihre Selbsthilfegruppe oder Ihr Selbsthilfeprojekt.

Das Design erstellt man in der Regel direkt im Internet auf den Plattformen der Druckereien. Vergleichen Sie da bitte nicht nur die Druckkosten, die bei entsprechender Stückzahl meist nur ein paar Cent pro Karte ausmachen. Schauen Sie, ob Sie mit der Erstellung des Designs gut klar kommen. Bewertungen anderer Kunden können da sehr hilfreich sein.

Beim Entwurf der Karte werden Sie vielleicht auf Bilder, Fotos oder Zeichnungen zurückgreifen. Achten Sie darauf, dass Sie keine Rechte Dritter verletzen. Also gestalten Sie oder ein Freund die Dinge lieber selber. Machen Sie keine Fotos von Menschen, wenn sich diese nicht schriftlich damit einverstanden erklärt haben. Oder verzichten Sie lieber ganz auf Personenfotos. Das gilt natürlich für jede andere Publikation und nicht nur für das Postkartenformat.

Sie können Ihre Texte und Infos natürlich als Vorlage für weitere Veröffentlichungen nutzen. Vielleicht gibt es eine lokale Tageszeitung oder ein Stadtteilmagazin mit der Sie mal Kontakt aufnehmen können? Dort arbeiten meist sehr nette Menschen, die immer auf der Suche nach örtlichen Mitteilungen sind. Sollten die keinen Beitrag veröffentlichen können, dürfen Sie vielleicht kostenlos eine kleine Annonce in der lokalen Zeitung schalten.

Dann ist da noch das Internet.

Das Internet eignet sich exzellent zur Suche und Verteilung von Informationen. Aber eine eigene Website ist nicht jedermanns Sache. Wenn man da keinen Fachmann oder Fachfrau zur Seite hat, würde ich von Experimenten abraten. Schnell ist man mit dem Designen oder dem Impressum am Ende und ein halbherziger Auftritt bringt schließlich keine Punkte.

Man kann sich aber anderen Seiten im Internet anschließen. Ihre Informationen in den Kontaktstellen oder Foren zu verteilen, bringt Ihnen sicher viele Treffer bei suchenden Menschen. Schauen Sie, welche Verteiler im Internet interessant erscheinen und nehmen Sie persönlichen Kontakt mit den Ansprechpartnern auf. Schauen Sie, was diese Menschen brauchen. Im Idealfall haben beide Seiten etwas davon und Sie vielleicht weitere Verbündete.

Werbung ist nichts Bahnbrechendes habe ich einleitend geschrieben und dabei möchte ich es eigentlich belassen.

Ich hoffe, Sie haben ein paar Eindrücke und Ideen erhalten, die Sie weiterbringen.

Wenn Sie aber doch mehr wollen, dann gestalten Sie sich doch Ihre Anstecker oder Aufkleber, Briefpapier oder Broschüren, Newsletter oder Tragetaschen, Poster oder Plakate, Visitenkarten oder Werbebanner wie Sie es möchten. Das Angebot an Werbemitteln ist sicher so vielfältig wie die Selbsthilfe.

Übrigens: Es gibt ja bekanntlich nichts, was man nicht doch noch verbessern könnte. Fragen Sie doch Ihre Zielgruppe, was sie von den Flyern oder Postkaten etc. halten. Fragen Sie, was sie gut finden oder was fehlt oder anders aussehen sollte.
Manchmal ist man blind und übersieht da etwas Entscheidendes. Dann hilft ein Blick von außen.

Ihre Litfaßsäule:_____
_____...

10. Ohne Moos nix los!

Geld stinkt nicht!

Titus Flavius Vespasianus, Römischer Kaiser, für seine Milde berühmt

Im Grunde ist die Welt der Selbsthilfe ja ein Non-Profit-Planet und damit sie rund bleibt, sollte kein Mensch Gewinn an ihr erwirtschaften. Das stände im krassen Gegensatz zum ehrenamtlichen Einsatz vieler Betroffener und Angehöriger oder dem Anliegen der meisten Geldgeber. Ich möchte dies einleitend kurz erwähnen, damit dieses Kapitel auch richtig verstanden und entsprechend umgesetzt wird. Gelder zu beschaffen, um Ideen, Pläne und Ziele umzusetzen – genau darum geht es hier!

Sehen wir uns zunächst typische finanzielle Belastungen für eine Selbsthilfegruppe an und später wie diese finanziert werden können. Wenn Sie eine Gruppe haben, kennen Sie sicher schon diverse Kosten, aber vielleicht haben Sie mal Lust etwas Neues anzugehen. Daher folgt nun ein kleines Kosten-Medley:

Die Selbsthilfe-Kosten von A-Z.

...das geht von **A**ushängen über **B**üromaterialien, **C**omputer- und **D**ruckkosten, **E**intrittsgeldern, fliegenden **F**lyern (also Flugblättern), ganz generell **G**ebühren, **H**onorare, **I**nternetkosten, **J**ahresbeiträge, **K**opierkosten, **L**iteratur, **M**essen, **N**utzungsrechte, **Ö**ffentlicher Transport, **P**orto oder Postsendungsgebühren, quasi auch mal **Q**ualitätskosten, **R**aummieten, sicherlich **S**upervisionen, **T**elefonkosten, unter Umständen **U**nternehmungen, **V**eranstaltungen, **W**eiterbildungen, **x**-beliebige Kosten oder hin und wieder mal ein **Y**in-und-Yang Lehr-Gang bis hin zu **Z**eitungsanzeigen...

Wem das zu schnell ging, hier noch einmal die wesentlichen Kosten der Selbsthilfe nach Arten geordnet:

- Primär sind sicher die <u>Raum- und Organisationskosten</u> der Selbsthilfegruppe, wie zum Beispiel Miete, Porto, Materialien, Ausstattungen, Gebühren oder ein Honorar für einen externen Experten.

- Dann gibt's die Kosten für die <u>Öffentlichkeitsarbeit</u>, wie Handzettel, evtl. Plakate oder Aushänge, Zeitungsartikel, der Auftritt im Internet sowie Aktionen in Krankenhäusern, Messen oder Veranstaltungen. Auch Porto und Telefonkosten gehören dazu.

- Weiterhin sind da die „<u>Schlaumachkosten</u>", wozu Fachliteratur und Fort- oder Weiterbildungskosten sowie deren Fahrten und gegebenenfalls Unterkünfte vor Ort gehören.

- Wenn Sie <u>selbst Veranstaltungen</u> planen, dann kommen meist gesonderte Raummieten, zusätzliche Informationsmaterialien, Honorare für Referenten und evtl. Nutzungsrechte für Ton- oder Bildmaterialien dazu.

Viele Organisatoren von Selbsthilfegruppen kennen ihre Kosten gut und möglicherweise sehen Sie Dinge, die hier nicht ausreichend erwähnt wurden. Aber ich denke als Überblick und Anregung für die Selbsthilfearbeit sollte das genügen.

Schauen wir mal, wie man Kosten umlegen kann.

Manche Selbsthilfegruppen haben nur geringe Kosten, vielleicht nur die Raummiete, welche zwischen den Mitgliedern aufgeteilt, also privat finanziert wird. Das scheint so trivial, dass man es fast nicht zu erwähnen bräuchte, aber da kann man noch Akzente setzen.

Die Umlage der Kosten auf die Teilnehmenden.

Eine Verteilung der Kosten pro Kopf kann man recht unterschiedlich gestalten. Üblich ist ein so genanntes „Stuhlgeld", das heißt jeder zahlt seinen Beitrag, vielleicht 1-2,-€ in die Kasse. Dies sollte die monatlichen Kosten plus etwas Reserve abdecken. Diese Methode klingt solidarisch und wenn Sie Menschen, die mit einer Grundsicherung oder unter hoher finanzieller Belastung leben noch entlasten wollen, dann zahlen diese vielleicht nur einen verminderten Beitrag – das ist sicherlich noch solidarischer.

Nun gibt es Menschen, die öfter und andere, die seltener zu den Treffen kommen. Wenn Sie eine Art „Flatrate" einführen, also einen Monatsbeitrag oder quartalsweise Zahlungen dann ist das eine feine Methode ein regelmäßiges Erscheinen zu fördern. Das begünstigt schließlich diejenigen, die sich öfter im Monat oder Quartal blicken lassen. Auch sind Ihre „Einkünfte" besser planbar, da Sie nicht so sehr vom Erscheinen Ihrer Mitstreiter abhängig sind.

Gibt's auch kostenlose Hilfe?

Bevor wir uns ans Geldeintreiben machen, können wir mal schauen, wo es etwas umsonst gibt. Das ist doch eine prima Methode, die manche Personen oder Institutionen sogar entlasten kann. Vor allem, wenn es keine Kosten oder Verwaltungsaufwand verursacht, helfen viele gerne. Manche Dinge werden vielleicht nicht mehr gebraucht und wir bekommen sie geschenkt. Oder wir dürfen brach liegende Ressourcen mitbenutzen. So können wir nach Gruppen- oder Veranstaltungsräumen fragen und vielleicht darf Ihre Gruppe die vorhandene Infrastruktur benutzen, also Telefon, Fotokopierer oder Computer.

Wenn Sie bereits eigene Räumlichkeiten für Ihre Gruppe haben, können Sie vielleicht ausgediente Möbel oder Büroutensilien gebrauchen und finden Firmen in der Nähe, die etwas abgeben oder transportieren können. Selbst Dinge, die Sie auf einem Flohmarkt verkaufen können, sind vielleicht hilfreich.

Fachliche Unterstützung bieten Ihnen unter Umständen soziale oder gesundheitsbezogene Einrichtungen, Praxen, Krankenhäuser oder Organisationen. Die Kosten für Honorare oder Fachtagungen können sehr hoch sein und hier zu sparen lohnt sich. Andere Organisationen helfen Ihnen möglicherweise beim Aufbau und Betrieb einer Internetseite.

Viele Menschen oder Organisationen unterstützen Selbsthilfegruppen sehr gerne, denn:

Selbsthilfe hat ein gutes Image!

Darauf kann man oft bauen, besonders wenn Sie die Ziele oder den Nutzen Ihrer Selbsthilfegruppe öfters mal erwähnen. Spätestens wenn Sie größere Projekte vorhaben oder viel Öffentlichkeitsarbeit machen, werden Sie die Nützlichkeit Ihrer Selbsthilfearbeit sehr betonen müssen. Ein wenig Imagepflege, also wie Ihre Gruppe oder Organisation nach außen wirkt, wird dann immer wichtiger. Suchen Sie hier hilfreiche Mitstreiter aus Ihren Reihen.

Glücklicherweise sind in der Selbsthilfe meist Menschen unterwegs, die gut und gerne mit anderen Menschen auskommen möchten. Sicher sind ein paar Leute an Ihrer Seite, wenn sie irgendwo vorsprechen wollen – das muss und sollte man nicht alleine machen.

Wie kommt man nun an Gelder?

Manche Gruppen haben schon einen umfangreichen Überblick über die diversen Fördermöglichkeiten. Andere dagegen haben noch nie etwas davon gehört und scheuen sich vielleicht komplizierte Wege zu gehen. Anträge zu stellen, ist sicher nicht jedermann Sache, aber viele Menschen und Institutionen machen einem das Leben hier gar nicht so schwer. Und wenn Sie das einmal hinter sich gebracht haben, wird's in den nächsten Jahren einfacher.

Generell unterstützen soziale Träger und Sozialversicherungen die Selbsthilfe und sind nach dem Sozialgesetzbuch dazu verpflichtet. Nach §20 SGB V unterstützen gesetzliche Krankenkassen die Selbsthilfe, sofern ihre Arbeit der gesundheitlichen Prävention oder Rehabilitation chronisch Kranker dient. Ähnlich verhält es sich mit der Pflegeversicherung, denn nach §34 SGB XI sollen Pflegebedürftige und deren Angehörige unterstützt werden. Bei der gesetzlichen Rentenversicherung gibt es eine Regelung, nach der Rehabilitationen in der Selbsthilfe gefördert werden können. Auf NAKOS.de finden Sie viele weiter nützliche Informationen hierzu.

Obwohl die Fördergelder in den letzten Jahren angestiegen sind, sind sie doch begrenzt und können schon mal vergriffen sein. Daher macht es Sinn, sich im Laufe des Jahres schlau zu machen wie, wo und was Sie am besten zum nächsten Jahresbeginn beantragen können. Bei entsprechendem Bedarf sollten Sie sich wieder an Ihre Kontaktstelle wenden, die die aktuellen Förderverfahren kennen sollte und Ihnen bei den Anträgen sicher helfen wird. Was genau förderfähig ist und welche Kriterien dazu erfüllt werden müssen, variiert leider auch von Bundesland zu Bundesland.

Wenn es keine Kontaktstelle in Ihrer Nähe gibt, kann Ihnen vielleicht jemand aus einer öffentlichen Verwaltung, also Rathaus oder Gesundheitsamt weiterhelfen. Wohlfahrtsverbände, Kirchengemeinden, sowie die Renten- oder Krankenkassen selbst sind möglicherweise gute Ansprechpartner.

Überlegen Sie sich vorab, welche Kosten Ihre Selbsthilfegruppe im Laufe des Jahres hatte bzw. haben wird, welche Projekte Sie vorhaben und legen Sie sich die entsprechenden Unterlagen bereit. Besser als Telefonate mit den Kontaktpersonen sind persönliche Gespräche. Nehmen Sie dabei einen Vertrauten aus Ihrer Gruppe mit, dann fällt es beiden leichter nichts Wichtiges zu vergessen.

Noch kurz zur Krankenkassenförderung: Sie ist inhaltlich auf bestimmte Gesundheitsthemen begrenzt, die im Krankheitsverzeichnis des § 20h SGB V aufgelistet sind. Hier gibt es eine Aufteilung in Pauschal- und Projektförderung. Vereinfacht gesagt werden mit der Pauschalförderung die jährlichen, also regelmäßigen Kosten der Selbsthilfe bezuschusst und die Anträge müssen zu Jahresbeginn abgegeben werden. Bei der Projektförderung werden dagegen das ganze Jahr über Projekte, also zeitlich begrenzte Absichten unterstützt.

Unterstützung ist Vertrauenssache!

Was bei allen Krankenkassen oder Trägern ähnlich und verständlich ist, sie investieren nicht gerne in unverständliche, unseriöse oder abstruse Geschichten. Daher versetzen Sie sich in deren Lage und überlegen Sie, was der Träger oder die Organisation gerne unterstützen möchte und wie Sie das am besten darstellen.

Zeigen Sie in ihren Begründungen insbesondere den gesundheitlichen Bezug zu Ihren Projekten. So können soziale Aktivitäten, wie Ausflüge oder Kinobesuche durchaus förderfähig werden. Argumente wie „Teilhabe am Leben", „Erprobungsexkursionen" oder „Überwindung von Unsicherheiten oder Barrieren" in Verbindung mit einem entsprechenden Gruppenthema wie „Angst" oder „Phobien" stellen für viele Träger sicher einen begründeten Bedarf dar.

Wenn Sie nun nach Fördermöglichkeiten suchen, dann gibt es noch andere Quellen oder Wege. Auf kommunaler Ebene gibt es oft weitere Unterstützung. Das kann besonders dann interessant werden, wenn Sie bei den Krankenkassen gar nicht zuschussberechtigt sind, die vorgenannten Töpfe schon leer sind oder Sie mitten im Jahr noch Gelder benötigen. Fragen kostet ja nichts.

Spenden haben so ihre Tücken.

Eine weitere Möglichkeit an Gelder zu kommen ist, Personen, Firmen oder Organisationen um Spenden zu bitten. Eigene Einnahmen aus Eintrittsgeldern, Veranstaltungen, Tombola und Flohmärkten sind ja möglich. Bei geringen und einmaligen Einnahmen werden Sie kaum auf Schwierigkeiten stoßen. Sie bewegen sich da aber in einer steuerlichen Grauzone, die schnell überschritten werden kann.

Spätestens wenn Sie Quittungen ausstellen, wird's brenzlig. In der Regel bedarf es dann der Rechtsform eines

„e.V.", also eines eingetragenen Vereins, dem das Finanzamt die Gemeinnützigkeit bestätigt hat. Im Zweifel lieber
mal beim Finanzamt nachfragen oder auf ein paar Kröten
verzichten, bevor es teuer wird.

Und zuletzt: Gründen Sie doch einen Verein!

Ist Ihre Gruppe sehr stark am Wachsen und haben Sie
Großes vor, dann macht der Gedanke einen Verein zu
gründen vielleicht wirklich Sinn. Irgendwann sind ja aus
den kleinen Selbsthilfegruppen die großen Organisationen
mit ihren entsprechenden Finanzbedürfnissen gewachsen. Dafür kann man einen Verein gründen. Der hat Möglichkeiten, die ich Ihnen zumindest nennen wollte. So kann
man nicht nur um Spendengelder werben, sondern auch
eigene Einnahmen ordnungsgemäß verbuchen. Man kann
sich beim Oberlandesgericht in Bußgeldlisten eintragen
lassen, aus denen Richter gezahlte Strafgelder verteilen.
Vielleicht wird das für Sie ja irgendwann einmal interessant...

Eine kleine Selbsthilfegruppe braucht das sicher nicht, da
genügen die normalen Förderwege. Alle Formalitäten einer Vereinsgründung kann ich in diesem Kapitel leider
nicht abhandeln. Ich hoffe aber es war etwas für sie dabei
und Sie finden Wege Ihre Pläne zu verwirklichen.

Übrigens: Auch wenn Sie Ihre Kosten komplett finanziert
bekommen, sollte Ihre Gruppe vielleicht doch nicht auf
eine Umlage verzichten. Vielen Teilnehmern ist es wichtig,
etwas zur Gruppe beizutragen und dann ist ein Treffen im
doppelten Sinne wertvoll.
Damit hat die Gruppe immer ein gewisses Polster, wenn
die Gelder zu Jahresbeginn noch nicht gleich fließen. Und,
vielleicht noch wichtiger: Die Gruppe kann so Dinge ma-

chen, die sie nicht von den Krankenkassen oder anderen Organisationen finanziert bekommt.

Gerade Ausflüge und gemeinsame Aktivitäten stärken das Gruppenleben und den Zusammenhalt, werden aber ungern von Trägern übernommen. Mit einer Umlage könnte sich eine Selbsthilfegruppe das immer wieder mal leisten.

Raum für Ihr Beitragskonto:_____
_____...

11. Loslassen und abgeben statt überfordern

*Ich hatte nie den Ehrgeiz,
etwas selber gemacht haben zu wollen.*

Robert Bosch, gemeinnütziger Unternehmer mit zündenden Ideen

Wer sich so richtig in etwas reinhängt, ist meist sehr motiviert und auch erfolgreich. Mit Erfolg kommt Ruhm und das tut gut. Keine Frage: Selbsthilfearbeit ist wichtig und ich bin vielen Menschen dankbar, dass sie sich so stark engagieren. Nur zu welchem Preis und was hat man vielleicht sogar verschenkt?

Ich sehe immer wieder, wie junges Blut in die Selbsthilfe strömt, gute Ideen hat und mit viel Kraft versucht diese umzusetzen. Wenn dies nicht gut gelingt, sind sie leider oft schnell wieder weg. Schade!

Andererseits treffe ich regelmäßig auf Menschen in der Selbsthilfe, die aufhören möchten oder aus gesundheitlichen Gründen sogar müssten, aber keine Nachfolger finden. Wenn niemand ihr Erbe antritt, dann war's das mit dem Projekt oder der Gruppe. Also machen sie weiter bis nichts mehr geht. Doppelt schade!

Und wieder andere sind gar nicht erst bereit etwas abzugeben:

„Weil es sonst nicht richtig gemacht wird"

So machen viele Selbsthelfer alles selbst und überfordern sich schleichend. Die ganze Gruppe kann darunter leiden. Sie ist abhängig von ihren Machern und wird nie richtig erwachsen. Das kann sich früher oder später rächen und verschenkt eben auch viele Potentiale.

Vielleicht erkennen Sie sich oder einen Mitstreiter in einer der Situationen wieder oder können sich in sie hineinversetzen. Dabei machen manche Menschen ihre Selbsthilfearbeit neben einem normalen Job und opfern viel Freizeit dafür. Andere sind vielleicht schon aus dem Berufsleben ausgeschieden, sind nicht mehr so belastbar und verbringen trotzdem viel Zeit mit ihren Projekten. Wer „Twentyfour Seven" oder altdeutsch „Rund-um-die-Uhr" erreichbar ist, hat nie Zeit für sich oder andere Dinge im Leben.

Letztendlich hängen wir alle an den Dingen, die wir aufgebaut haben und erkennen oft viel zu spät, dass wir früher hätten gegensteuern sollen. Wo gibt's dann noch Mitstreiter, die noch fähig wären unsere Aufgaben zu übernehmen oder unseren Ansprüchen zu genügen.

Warum sollten wir etwas ändern?

Um etwas zu ändern, brauchen wir zunächst Einsichten oder handfeste Gründe das zu tun. Nun, da haben wir ja schon einiges gehört. Einerseits ist es als Selbstschutz eine gute Sache etwas abzugeben. Vielleicht können Sie mit der gewonnen Zeit ja etwas anderes anfangen? Es soll ja ein Leben außerhalb der Selbsthilfe geben. Fremde Wesen, exotische Kulturen, verschollene Hobbys...

Ja, und andererseits stecken in einer Selbsthilfegruppe viele Menschen mit eigenen Ideen und Ansichten. Diese Potentiale zu nutzen, kann für die Gruppe und Sie sehr bereichernd sein. Es wäre sicher einmal spannend zu sehen, wie andere mit den Dingen umgehen und wie sie

Probleme lösen. Man muss ja nicht alles selber gemacht haben, meinte ja schon Robert Bosch...

Vielleicht habe ich mit meinen Zeilen offene Türen bei Ihnen eingerannt, um sich dieser Herausforderung des Abgebens zu stellen. Ansonsten hoffe ich, Sie nun genügend sinnesgewandelt zu haben, um uns an diese Aufgabe zu machen. Los geht's!

„Haste mal ne Mark?"

Was hat dieser altdeutsche Spruch mit Abgeben und Loslassen zu tun? Nun, dass erschließt sich dem gewogenen Leser sicher schnell. Nehmen wir die Mark mal symbolisch und geben sie bereitwillig an jemanden ab, dann müssen wir sie natürlich loslassen.

Was dabei in unserem Kopf passiert, also etwas Wertvolles (und ne Mark ist doch etwas Wertvolles – die gibt's schließlich kaum noch) aus den Händen zu geben, das ist ganz ähnlich wie eine liebgewordene oder wichtige Aufgabe abzugeben und einem anderen anzuvertrauen.

Wir wissen meist nicht, was unser Nachfolger mit einer Sache machen wird. Wird er sich ihr annehmen, sich ordentlich darum kümmern? Ist er vielleicht sogar erfolgreich und wir verlieren an Ansehen?

Wir müssen darauf vertrauen, dass es gut wird.

Sind unsere Hände immer noch klebrig, dann schnell schütteln und wieder daran denken, welche Freiräume wir uns schaffen, sobald wir etwas abgeben und was wir anderen damit vielleicht ermöglichen. Wenn wir das packen, dann haben wir praktisch schon losgelassen.

Geben Sie den Menschen Ihr Vertrauen und bieten sie bei Bedarf Ihre Unterstützung an. Dann kann sich Ihr Gegen-über entfalten und seien Sie gnädig, falls mal etwas nicht so klappt. Bei Ihnen war sicher zu Beginn auch nicht alles gleich perfekt. Sonst verschrecken Sie Ihre Helfer, sitzen wieder alleine da und haben es dann wahrscheinlich nicht anders verdient. Also nichts mit „hätte-hätte-Fahrradkette", sondern gute Worte finden wie: „Kein Problem, ich helfe Dir gerne", „Alles wird gut" oder „Das packen wir schon" Dann sollte eigentlich nichts schiefge-hen.

Aufpassen, dass Sie freigewordene Kapazitäten nicht gleich wieder voll stopfen.

Überlegen Sie es sich zwei- oder besser dreimal bevor Sie bei einer neuen Herausforderung zusagen. Es lohnt sich auf genügend Zeit zu spielen: „Ich denke mal darüber nach" sage ich dann zum Beispiel. Darüber zu schlafen, sich die Zeit zu nehmen und über Alternativen nachzuden-ken, gute Worte zum Nein sagen zu überlegen – dafür braucht jeder etwas Zeit. Nehmen Sie sich diese!

Möglicherweise ist das alles gar nicht Ihr Problem und meine Zeilen gehen an einem ganz anderen Problem vor-bei, dass sich früher oder später in jeder Gruppe oder Or-ganisation ergeben kann. Oft finden sich gar keine Freiwil-ligen, die etwas übernehmen wollen. Sind ja alle krank, viel zu beschäftigt und *Sie* machen das doch sooo gut.

Das mag alles sein, aber da drehen sich mir mal wieder die Fußnägel hoch: Sie sind ja wahrscheinlich auch betrof-fen, viel beschäftigt und wollen sich selbst einmal zurück-lehnen. Das gilt es deutlich zu machen und einfach nur zur Gruppe gehen und konsumieren, geht gar nicht.

Eine Selbsthilfegruppe ist langfristig nur stabil, wenn es genügend aktive Mitstreiter gibt. Oft sind es zu wenige und immer dieselben, die sich dann selbst schleichend überfordern. Da gilt es sich möglichst viele, vielleicht sogar alle Mitstreiter einer Gruppe zur Unterstützung heranzuziehen. Das geht meines Erachtens am besten durch

Aufgabenverteilung mit der Salamitaktik.

Jede Aufgabe lässt sich in kleine Teile zerlegen und diese verteilen wir dann scheibchenweise. Das Moderieren ist da ein gutes Beispiel und das übernimmt ja keiner gerne. Bei uns war das nach Jahren eingefahren und um das Moderieren auf eine breitere Basis zu stellen, haben wir fünf Kärtchen geschrieben:

1. Startblitzlicht
2. Moderation bis zur Pause
3. Moderation ab der Pause
4. Endblitzlicht
5. Auf die Zeit achten

Zunächst wollte da niemand richtig ran, aber unsere Hauptmoderatoren haben sich schnell und clever die einfachsten Aufgaben genommen. So waren die Blitzlicht-Karten und die Zeitkarte immer schnell weg und der Rest musste dann von anderen übernommen werden.

Mit der Zeit war jeder einmal mit der Moderation dran und merkte, dass es meist gar nicht so schlimm war. Inzwischen hat sich viel mehr Kompetenz in unserer Gruppe gebildet. Das Moderieren manchmal anstrengend sein kann, weiß jetzt jeder aus eigener Erfahrung und so unterstützt jeder jeden, wenn es mal schwierig wird.

Bleiben wir noch kurz beim Moderieren. Eine gute Möglichkeit Aufgaben langsam zu übergeben, bietet die Co-Moderation. Bitten Sie möglichst konkret jemanden Ihnen bei der Moderation zu helfen: *„Uli, könntest Du mir heute beim Moderieren zur Seite stehen und auf Wortmeldungen achten?"*

Spätestens wenn Sie selbst ein Thema einbringen, sollten Sie die Moderation abgeben.

Wenn Sie selbst bei einem Thema stark involviert sind, verträgt es sich nicht gut die Gesprächsleitung inne zu haben. Ihr Gehirn, egal ob männlich oder weiblich, ist dann nur halb bei der Sache. Sie haben es aber verdient sich voll auf den Inhalt der Beiträge konzentrieren zu dürfen. Bitten Sie daher hier bewusst Mitstreiter um die Übernahme der Moderation.

Diese Taktik können Sie jetzt gut auf andere Aufgaben übertragen. Ihr komplettes Amt zum Beispiel lässt sich wunderbar zerschneiden und auf Kärtchen schreiben: Wer übernimmt den Schlüssel, die Kasse, die Moderation, das Teekochen, Ansprechpartner für Neue oder die Kontaktstelle zu sein. Oder, wer macht das für das nächste halbe Jahr, da Sie anderweitig beschäftigt sind...

Eine andere Art der Salamitaktik besteht darin, mehrere Mitstreiter für ein Amt zu finden: Schlüsselmann 1 und 2, Kassenwart 1 und 2 etc. Dann können diese untereinander ausmachen, wer sich wann und wie um die Aufgabenerledigung kümmert. Da ist dann auch niemand ganz alleine und Sie sind diese Aufgaben erst mal los.

Vielleicht genügt es ja schon, Ihre Gruppe um Unterstützung zu bitten oder ein paar Strategien parat zu haben. Vielleicht können Ihre Mitstreiter gut damit umgehen und lassen Sie nicht im Stich. Manche Herde ist aber so träge, dass sie einfach zu keiner Änderung bereit ist. Dann darf es auch ein wenig weh tun.

Sie sollten nicht klein bei geben, wenn Ihre Gruppe nicht bereit ist, Sie zu unterstützen.

Sie müssen nur länger durchhalten und die Menschen aus ihrer Komfortzone bekommen. Am besten stoisch auf Ihr Anliegen verweisen und in der Zwischenzeit gibt's keinen Tee, keine Moderation, ist die Tür mal zu oder Sie mal nicht da und so weiter. Klingt gemein, aber Sie alleine zu lassen ist in meinen Augen noch gemeiner.

Mit der Zeit wird sich etwas ändern. Wenn es unbequem wird, werden manche nicht mehr kommen. Bitte weinen Sie denen nicht zu sehr nach. Denn andere oder neue Mitstreiter werden kommen und Ihnen unter die Arme greifen. Und diese Art der Selbsthilfe ist es doch, die wir alle brauchen.

Lassen Sie mich kurz vor dem Schluss dieses Kapitels noch erwähnen, dass Sie natürlich anderswo Unterstützung erhalten können, wenn die Aufgabenlast zu groß wird.

Fragen Sie in Ihrer örtlichen Kontakt- oder Beratungsstelle nach Unterstützung.

Ebenso andere Selbsthilfegruppen, Verbände oder Organisationen, die zu Ihrem Selbsthilfethema passen, können vielleicht helfen. Selbst Krankenkassen oder Gesundheitsämter sind gute Ansprechpartner. Hilfe von außen bringt immer wieder andere Blickwinkel.

Noch weitere Blickwinkel bekommen Sie vielleicht durch Workshops, Fortbildungen oder Supervisionen, welche es oft speziell auf die Bedürfnisse der Selbsthilfe zugeschnitten gibt. Fragen Sie Ihre Kontaktpartner hierzu nach Angeboten und Unterstützung. Der Austausch mit anderen ist oft Gold wert.

Nun sind wir aber am Ende des Kapitels angekommen und haben trotzdem etwas ausgelassen. Weitere Anlässe für Überforderungen können nämlich durch Krisen oder Konflikte ausgelöst werden, was ich hier noch nicht behandeln wollte. Dazu bald mehr, aber zunächst besser mal was zum Schmunzeln im nächsten Kapitel.

Übrigens: Auch wenn Sie jetzt jede Menge Handwerkszeug zum Abgeben haben, in einigen Situationen sollten Sie vielleicht doch die Zügel in der Hand behalten.
Alles was am Anfang steht und nach Ihrem Gusto werden soll, gehört zunächst nicht in fremde Hände. Warten Sie hier ab, bis alles am Laufen ist und Sie Mitstreiter haben, denen Sie gut vertrauen.
Ähnlich verhält es sich mit Dingen, die Ihnen wirklich wichtig sind und auch, wenn Ihnen etwas sehr viel Spaß macht, sollten Sie zweimal überlegen, was Sie wirklich abgeben möchten.

Leerstelle für Ihre Alternativen:_____

_____ ...

12. Ein bisschen Spaß muss sein!

*In einem guten Witz stecken unsere Ängste,
unsere Liebe und stets ein wenig Weisheit.*

Hans Peter Kerkeling, Entertainer und Jakobsweggeher...

Das ist doch irgendwie paradox: Lachen, komisch sein, sich amüsieren und dann die Selbsthilfe. Wie passt denn das zusammen? Der Ernst des Lebens, die Probleme mit Krisen oder kaputter Gesundheit umzugehen und dann Party machen? Gehe ich hier zu weit oder hab ich da vielleicht eine falsche Pille geschluckt?

Ich glaube nicht – ganz im Gegenteil. Mit einer guten Portion Heiterkeit kann man sicherlich sogar die eine oder andere Pille ersetzen. Wie Humor der Gesundheit, Gesundung und letztlich der Selbsthilfe förderlich sein kann, möchte ich Ihnen gerne demonstrieren.

Schauen wir zunächst einmal, was so alles bei uns und unseren Gegenüber passiert, wenn wir lachen und sehen dann, wie das zur Selbsthilfe passen könnte. Gehen wir das mal wieder stückweise an.

Ich hätte da ein kleines Experiment für Sie.

Nehmen Sie sich bitte einen Spiegel und ich erzähle Ihnen einen hoffentlich unbekannten Witz aus der Paartherapie. Schauen Sie vorher und direkt danach in den Spiegel und vergleichen Sie was sie sehen, ok?! Spiegel da? Los geht's: *Viele Frauen finden ihren Arsch zu dick – würden ihn aber trotzdem wieder heiraten...*

Zugegeben, der Witz ist etwas derb. Was wir so unerhört daran finden und was wir daraus lernen können, klären wir noch. Nun hoffe ich aber, dass er seine Wirkung getan hat und ich Sie ein wenig erheitern konnte. Also, wie geht's Ihnen jetzt? Was haben Sie im Spiegel gesehen, was hat sich verändert?

Wenn wir lachen, sind wir entspannt.

Um darauf zu kommen, mussten Sie also diesen schlechten Witz ertragen. Aber ich hoffe, es hat sich gelohnt und Sie konnten es in Ihrem Gesicht erkennen. Der Spiegel lügt schließlich nicht. Geben Sie es zu: Sie haben zumindest geschmunzelt und ihr Gesicht wirkte entspannt.

Wenn wir lächeln oder lachen sind wir in der Regel gelöst, befreit, also entspannt. Und das kommt so: Unser Gehirn versucht andauernd herauszubekommen, was als nächstes kommt. Diese Vorausschau läuft unbewusst, aber andauernd ab. So entstehen Erwartungen in uns. Wenn diese nicht erfüllt werden, gibt's zunächst Verwirrung und Anspannung. Fällt die Anspannung ab, folgt Erleichterung, Erlösung und das zaubert uns oftmals ein Lächeln oder Lachen ins Gesicht.

So entspannen wir körperlich, was bei vielen Krankheitsbildern Wunder wirken kann. Eine kostenlose progressive Muskelentspannung sozusagen. Statt Pille also öfter mal einen Witz oder Spaß machen. Und wem das noch nicht so liegt, für den hätte ich etwas Homöopathisches im Angebot:

Lächeln und Freundlichkeit tun's auch.

Denn es passiert noch viel mehr in uns. Menschen die lachen oder lächeln wirken offen, freundlich und authentisch. Sie sind irgendwie mehr sie selbst. Oft ist ihr Interesse für Neues geweckt. Das kann man als Vorfreude auf weitere positive Ereignisse deuten. Und das alles mit ein wenig Humor, einem Spaß oder einem kleinen Witz.

Lachen und damit Entspannung, Wahrhaftigkeit oder Neugier sind doch ideale Begleiter für die Selbsthilfe. Humor öffnet Horizonte und darum geht's doch in der Selbsthilfe. Neue Blickwinkel, Offenheit für Neues sind aber noch nicht alles. Wenn wir gemeinsam lachen, dann schaffen wir Gemeinschaft. So kann man einen losen Haufen gut zusammen schmieden.

Frohsinn schafft Verbundenheit.

Wenn ich auf eine neue Gruppe treffe, versuche ich eventuelle Barrieren schnell zu überwinden. Also sage ich wie es ist: *„Ich bin frech, aber sonst ganz harmlos."* Damit möchte ich Spannungen abbauen, also das Eis brechen und so schnell arbeitsfähig werden. Ich denke, dafür darf ein Spaß auch mal sein.

Aber freundliche Menschen wirken nun mal sympathisch und das bewirkt etwas in uns. Unser Gehirn ist nun mal so gestrickt, dass es auf Gesichter und deren Mimik reagiert. Es hat die Tendenz die Regungen unseres Gegenübers abzugucken und nachzuahmen. Positive Gesten erzeugen positive Gefühle: Dort werden sie erzeugt und bei uns verstärkt.

Wenn wir uns das nicht stark abtrainiert haben, dann können wir also gar nicht anders als zurück lächeln. Schon Goethe wusste: *„Willst du geliebt werden, sei liebenswert."* Für uns bedeutet das: Willst Du Freundlichkeit, sei freundlich. Willst Du Humor, sei humorvoll. Sind wir ein gutes Vorbild, dann werden uns andere folgen.

Damit kommen wir zur spannenden Frage, wie man Humor eigentlich macht. Manchen Menschen liegt es im Blut, andere scheitern immer wieder kläglich daran. Dabei ist das gar nicht so schwer.

Humor braucht Empathie und Spontanität.

Wie wir gesehen haben, hat Humor ja viel mit menschlichen Erwartungen zu tun. Und im Grunde wissen wir doch was unser Gegenüber erwartet. In der Selbsthilfe habe ich mehr Empathie erlebt, als in meinem früheren Berufsleben. Leider vertrauen viele Menschen nicht darauf. Aber dazu möchte ich Sie ermuntern: *Traut euch!*

Vertrauen Sie Ihrem Bauch und machen Sie dann mal etwas, was der andere nicht erwartet. Nicht viel denken, sondern in sich hinein fühlen, (spontan) handeln und lächeln. Und dann passieren die kleinen Wunder: Etwas nimmt nicht den gedachten Verlauf. Sie spielen mit Worten und bringen zusätzliche Bedeutungen hinein oder übertreiben maßlos. Als ernsthafter Mensch ziehen Sie mal eine Grimasse – und Ihr Gegenüber schmunzelt...

Eine weitere Möglichkeit ist es, sich das eine oder andere bei anderen Menschen abzugucken. Wie machen humorvolle Menschen das? Welche Witze und Späße gefallen Ihnen? Die können Sie ja mal weiter erzählen. Und so kommt mit der Zeit eine ganz schöne Palette an witzigen Dingen zusammen.

Jetzt kommt der Teil mit dem Aber: Seien Sie *aber* ein wenig vorsichtig mit Ihren Scherzen. Tendenziell versuche ich Späße eher auf meine Kosten zu machen und nicht über andere zu lachen. Aber das sehen und machen nicht alle so.

Haben Sie schon schlechte Erfahrungen
mit Humor gemacht?

Dann liegt es vielleicht an der Art und Weise wie Späße gemacht werden. Es ist sicher immer besser miteinander als übereinander zu lachen. Letzteres grenzt aus und hat wenig mit Respekt und Wertschätzung zu tun. Das eine ist Gift, das andere Dünger fürs Miteinander.

Also stets die Achtung voreinander im Auge behalten. Ja, beim derben Witz von vorhin hat's an der Achtung vor den Geschlechtern gemangelt – ich weiß...

Damit in Ihrer Gruppe nichts schief geht, fragen Sie doch einfach mal nach, worüber Ihre Mitstreiter gerne lachen und worüber nicht. So lernt man sich besser kennen und weiß, was jedem wichtig ist. Vielleicht gibt's ein paar witzige Geschichten zu erzählen und so klappt das mit dem Humor in der Gruppe ganz von allein.

Und wenn doch mal was schief geht und im Eifer des Gefechts „Verletzte" zu beklagen sind, dann muss das natürlich geheilt werden. Ich denke, dass niemand in der Selbsthilfe die Absicht hat, einem anderen weh zu tun und so kann man das sagen. Sich aufrichtig zu entschuldigen ist äußerst wichtig, damit keine nachhaltigen Spannungen in einer Gruppe entstehen. Humor soll ja helfen und nicht schaden.

Apropos Geschichten: Zu diesem Thema sind mir ja eine Menge Anekdoten aus der Selbsthilfe eingefallen und die wollte ich *hier* nicht alle erzählen. Aber das eine oder andere ist wirklich hübsch und so finden Sie am Ende des Buchs ein schönes Kapitel mit schönen Geschichten aus der Selbsthilfe. Viel Spaß dabei!

Übrigens: Nun ändert sich ja der Humor der Menschen immer wieder einmal. Und so kann das gut als Frühwarnsystem für Stimmungsänderungen genutzt werden.

Guckt man sich an, wie sich Humor langsam wandelt und Grenzen überschritten werden, so sollte man mal nachhaken. Oft ist das von den Mitstreitern unbeabsichtigt und zum Beispiel ein Ventil für Überforderung.

Schildern Sie Ihre Beobachtungen und fragen Sie, wie andere das sehen. Verurteilen Sie Verhaltensänderungen nicht, denn manchmal sind sie nur Teil einer Symptomatik. Gemeinsam können Sie dann den Dingen auf den Grund gehen und Wege zur Entlastung der Situation finden.

Und falls sich etwas zu einem Konflikt entwickelt, lesen Sie einfach weiter. Im nächsten Kapitel beschäftigen wir uns damit.

Platz für Ihr Vergnügen:_____

_____ ...

13. Probleme, Krisen und Konflikte meistern

*Mit einer geballten Faust
kann man keinen Händedruck wechseln.*

Indira Gandhi, weise und mutige indische Politikerin

Kapitel Dreizehn! Na, wer ist denn jetzt abergläubisch? Mir hat die Dreizehn eher Glück als Pech gebracht. Ganz ähnlich verhält es sich inzwischen mit Krisen und Konflikten. Verstehen Sie mich nicht falsch. Ich bin niemand, der sich gerne auf den Daumen hämmert und freut, wenn der Schmerz nachlässt. Aber nach jedem gemeisterten Streit oder Tiefpunkt ging es mir früher oder später besser und ich bin ein Stückchen gewachsen. Ich bin viel geduldiger geworden, wenn sich etwas nicht gleich lösen lässt.

Wer weiß, wofür etwas gut ist?

Ist etwas schwierig, nennt man es allgemein ein Problem. Gibt es Differenzen in unseren Interessen, Zielen oder Wertvorstellungen, dann nennt man es einen Konflikt. Und ist eine schwierige Situation mit einem Wendepunkt verbunden oder gibt es eine Notwendigkeit zum Handeln, dann kann man es eine Krise nennen.

Das sind ziemlich nüchterne Beschreibungen von Situationen, in denen wir uns immer wieder einmal befinden und die wir sehr individuell empfinden oder durchleben. Wie wir damit umgehen und was wir daraus machen, hat oft einen großen Einfluss auf unsere seelische Gesundheit und unsere zwischenmenschlichen Beziehungen. Das sind zwei Größen, die viel mit der Selbsthilfe zu tun haben.

Aber fangen wir bei uns an: Da wir alle nur Menschen sind, können wir es natürlich nicht absehen oder gar vermeiden, dass mal was Blödes auf uns zukommt. Dem angemessen zu begegnen, mag für viele eine große Herausforderung darstellen, der man möglichst lange aus dem Wege geht. Wie lange kann das gut gehen?

Früher habe ich einen großen Bogen um alles Problematische gemacht. Ich bin aber trotzdem immer wieder mit Dingen konfrontiert worden, die mir gar nicht recht waren. Viele Konflikte in mir und mit anderen Menschen haben sich dann zugespitzt. Auch der passive Umgang mit Lebenskrisen hat mich nur in eine Depression geführt. Ich glaube, wenn wir solchen Dingen zu sehr aus dem Weg gehen, dann wird's meist schlimmer.

Konfliktscheu zu leben, kann krank machen.

Ich beobachte, dass es vielen Menschen in der Selbsthilfe ganz ähnlich geht und sie eine Menge an Problemen und Konflikten mit sich herumschleppen. Das hat oft einen massiven Anteil an ihren Leiden. Und es liegt auf der Hand, dass sie häufig genau deshalb zu einer Selbsthilfegruppe gehen. Sie sind angeschlagen und suchen Unterstützung und Auswege. Was sie nicht suchen, sind zusätzliche Belastungen.

Wird es mal schwierig in einer Selbsthilfegruppe, gehen viele Menschen, die das nicht aushalten können. Das sind meist diejenigen, die eine Unterstützung besonders gebraucht hätten. Andere gehen eher progressiv mit solchen Belastungen um, preschen mit schnellen Lösungen vor und verstehen gar nicht, dass sich manche Mitstreiter davon überfordert fühlen. Da eskalieren manchmal kleine Missverständnisse zu ernsthaften Krisen.

Probleme sind nicht nur menschengemacht, sie sind auch menschlich.

Jeder von uns hat es halt anders gelernt mit Problemen umzugehen. Bei einigen Menschen sind Vermeidung oder Hineinsteigern ein Teil ihrer Symptomatik. So ist mancherlei Problem im Umgang miteinander vorprogrammiert. Kommen in einer Selbsthilfegruppe Abgrenzung, andauernde Spannungen, Trennungen oder sogar Gruppenauflösungen dazu, ist das gewiss nicht der richtige Weg. Daher gilt es frühzeitig eine Kultur zu etablieren, die die unterschiedlichen Menschen zu schätzen und mit ihnen umzugehen weiß.

In einer Gruppe kommen nun mal sehr verschiedene Charaktere zusammen und das bietet so einiges an Potential. Damit meine ich nicht nur Potential für Probleme sondern eben für Lösungen. Wo viele Menschen zusammen kommen, da muss es doch eine Menge an guten Ideen und Auswegen geben. Jetzt müssen wir nur noch von A nach B, dann klappt's auch mit der Selbsthilfe.

Je unterschiedlicher die Mitstreiter gestrickt sind, desto unterschiedlicher sind meist deren Ansichten und Erfahrungen. Diese Unterschiede können viele Vorzüge haben. Sie sind ja quasi das Salz in der Selbsthilfesuppe.

Vielfalt ist wichtig für die Selbsthilfe.

Erster Schritt auf dem Weg von A nach B ist es, dies immer wieder klar zu machen: Jeder ist ok und jede Meinung ist wichtig. Vielfalt ist wichtig. Jeder wird gefragt, jeder wird gehört. Meinungsunterschiede dürfen nicht nur sein – Meinungsunterschiede sollen sein! Grundlegender Respekt und Wertschätzung einmal vorausgesetzt, schafft das viel mehr Optionen bei der Lösung von Problemen.

Es ist der Umgang mit Unterschieden, der hier gefragt ist. In Gruppen außerhalb der Selbsthilfe ist es oft gegeben, dass sich die Teilnehmer schnell auf etwas einigen, also rasch einen Konsens finden wollen. Muss das bei der Themenbearbeitung in einer Selbsthilfegruppe eigentlich genauso sein? Ich glaube nicht!

Die Suche nach der schnellen Einigung kann frühzeitig den Prozess des Austausches und die Suche nach Optionen behindern. Das schafft oft rasch Fronten: *„So ist es richtig!" „Nein so!"* – da wollen wir nicht hin. Also lassen wir das mit dem Pro, Contra und Einigungsnonsens. Da gibt es bessere Wege.

**Jeder gibt seine Gedanken in die Mitte
und jeder nimmt mit, was er möchte!**

So heißt es bei uns und das führt zu einem ziemlich angenehmen und offenen Austausch. Jeder ist ermutigt seine Meinung zu äußern und keiner wird gezwungen einen fremden Standpunkt anzunehmen. Unterschiedliche Ansichten anhören und sie als solche zu akzeptieren, geht dann schon ganz gut. Und so kann man viele unterschiedliche Meinungen nebeneinander wachsen lassen. Das Selbsthilfeleben einer Gruppe profitiert: Leise Stimmen trauen sich regelmäßiger etwas zu sagen und die Vielfalt nimmt wie gewünscht zu.

Praktiziert man diese Art der Freigiebigkeit eine Weile, wird meist etwas entspannter mit größeren Meinungsunterschieden umgegangen. Wegbleiben, Aufbrausen und Konfrontationen nehmen deutlich ab und wenn's doch mal rappelt, sind die Kontrahenten dem Lösen von Konflikten schon ein ganzes Stückchen näher.

Jens Erik   **107**

Aber oft ist es gar nicht so leicht einen Konflikt zu erkennen oder ihn anzusprechen. Da plaudert man gerade noch in entspannter Runde, es wird gelacht und Späße gemacht. Und vermeintlich harmlose Worte oder Gesten lösen bei jemand etwas aus, was innerlich oder äußerlich eine Lawine ins Rollen bringt.

Störungen haben Vorrang

Da ist die Empathie der ganzen Gruppe gefragt, achtsam zu sein und eventuelle Störungen anzusprechen. Mancher Teilnehmer wird nach einem Spaß oder einer Geste laut – dann ist die Störung klar und deutlich zu erkennen. Andere werden eher still und kehren sich nach innen. Vielleicht platzen sie später aus sich heraus oder behalten es ziemlich lange für sich. Einige Menschen sprechen ihre Probleme im Schlussblitzlicht an und dann ist es schwer in der verbleibenden Zeit eine Klärung herbeizuführen. Daher ist es wichtig die ganze Gruppe zu sensibilisieren, eventuelle Unstimmigkeiten frühzeitig anzugehen.

Gibt es ein Problem, dann sollten spätestens Sie auf diese Störung hinweisen. Selbst wenn es falscher Alarm war, machen Sie das ruhig kurz zum Thema. Damit wissen alle, dass jede eventuelle Störung jederzeit angesprochen werden kann. Der Grundsatz „Störungen haben Vorrang", ist nicht ohne Grund ein wichtiger Teil von Gruppenregeln und Gruppenkulturen.

Die rote Karte!

In manchen Gruppen liegt eine rote Karte auf dem Tisch, die vorgezeigt werden kann, wenn jemanden etwas stört. Schon der Griff danach ist sehr symbolträchtig und macht klar, hier ist Redebedarf.

Und wenn es mal laut wird und jemand starke Affekte zeigt
– was können Sie dann machen? Zunächst gilt: Es gibt ja
Gruppenregeln und auf die sollten Sie ruhig verweisen.
Ein gutes Benehmen, also Respekt, Wertschätzung und
der achtsame Umgang miteinander, ist gewiss Bestandteil
dieser Grundsätze. Da diese in der Regel gemeinsam
festgelegt worden sind, können Sie diese in einem solchen
Falle mit gutem Gewissen einfordern. Wenn Sie nun klar
gemacht haben, dass nun in Ruhe über die Störung geredet werden kann, geht's natürlich erst richtig los.

Verstehen vor Lösen!

Wenn es also passiert ist und irgendwo der Mist am damp-
fen ist: Bitte nicht gleich löschen, sondern erst mal gucken, was da dampft. Leute suchen oft zu schnell nach
Lösungen und übersehen leicht die eigentlichen Ursachen
für einen Konflikt. Versuchen Sie doch erst einmal zu verstehen, was bei wem los ist und was jeder gemeint oder
beabsichtigt hat. Wo kein Rauch ist, ist bekanntlich kein
Feuer und Dampf ist doch nur zu viel Wasser in kalter Luft.
Etwas Wärme und schon löst er sich in der Luft auf.

Mit der Grundhaltung etwas zutiefst verstehen zu wollen,
öffnen Sie ein wenig das Herz und nehmen anderen nicht
gleich krumm, wenn sie womöglich stark auf etwas reagiert haben. Das hat oft gar nicht so viel mit dem Auslöser
– in manchen Gruppen heißt das „Trigger" – zu tun. Wichtiger ist, darüber entspannt reden zu können und nicht
unnötig zusätzliche „Trigger" zu setzen. Indem Sie locker
bleiben, sind Sie ein gutes Vorbild für ihre Gruppe.

Wie nähern Sie sich also dem dampfenden Mist? Zunächst
sollten Sie sich das ok der Kontrahenten zur Vermittlung
einholen: „Oh, hier scheint es ja Probleme zu geben – darf
ich da mit euch ins Gespräch kommen?" Ohne Zustim-

mung können Sie leicht Teil eines Konflikts werden. Vielleicht sind Sie es schon, ohne es zu wissen und dann sollte natürlich jemand anderes moderieren. Dazu komme ich aber später noch einmal.

Wenn Sie die Zustimmung haben, sollten Sie in Erfahrung bringen bei wem der Konflikt primär aufgetreten ist. Also wer zuerst den Mut hatte, ihn anzusprechen. Bei dem sollten Sie mit der Spurensuche anfangen und der sollte zuerst entlastet werden.

Beginnen Sie am falschen Ende, kann es bei dem Menschen bei dem der Konflikt zuerst aufgetaucht ist, zu weiteren Verletzungen kommen. So manche Tür schließt sich hier unnötig. Bei der Spurensuche geht es dann meist gar nicht um den eigentlichen Sachverhalt, sondern um das Verständnis der Gefühle oder Werte, die verletzt wurden. Wo der Schmerz ist, ist meist auch die Lösung.

Fragen Sie nach, was jemanden verletzt hat und warum ihm etwas wichtig ist, dann haben Sie den Keim des Problems erfahrungsgemäß schon gefunden. Dies einmal ausgesprochen zu haben und sich entsprechend verstanden zu fühlen, kann für Betroffene sehr entlastend sein.

Durch „Spiegeln" zur Einsicht.

Wie können Sie sich aber vergewissern, einen Menschen richtig verstanden zu haben? Sie können alles was Sie verstanden haben mit unseren eigenen Worten wiederholen und nachfragen, ob Sie richtig liegen. Man nennt diese Methode auch „Spiegeln". Mit ein wenig Übung ist das gar nicht so schwer. Gegebenenfalls müssen Sie noch ein oder zwei Schleifen drehen, also fragen, zuhören und es wiedergeben, bis es passt. Damit sollten Sie die eine Seite gut verstanden haben.

Nun geht es an die Gegenseite, die Sie um das Verständnis für den anderen bitten sollten: *„...kannst Du das nachvollziehen, das es ihm so geht, ihm das wichtig ist?"* Auch hier wieder: Verstehen vor Lösen. Wenn dabei allerdings jemand blockt und kein Verständnis zeigt, dann lässt sich der Konflikt vielleicht gar nicht komplett auflösen. Denn das funktioniert natürlich nur, wenn alle Parteien das wollen. Dann müssen Sie es dabei belassen. Aber meist kommt man gut über diese Stelle und es zeigt sich eine Einsicht oder sogar eine aufrichtige Entschuldigung.

Selbst wenn durch eine Entschuldigungen alles dem Ende nahe scheint: Sie machen trotzdem weiter. Sie fragen den Kontrahenten in gleicher Manier, nach seiner Sichtweise und seinen Motiven. Zum gegenseitigen Verständnis und zu seiner Entlastung ist das meiner Ansicht nach äußerst wichtig. Sonst brodelt es da vielleicht weiter.

Ein Zwischenblitzlicht kann helfen,
damit alle noch einmal gehört werden.

Wenn von dem Konflikt noch weitere Mitstreiter oder die ganze Gruppe betroffen ist, sollten diese natürlich noch gehört werden. Also fragen Sie noch nach deren Ansichten und haben dann hoffentlich alles zum finalen Lösen beisammen. Sie selbst können an dieser Stelle natürlich noch Ihren Senf dazu geben. Und bitte einer nach dem anderen und möglichst keine Diskussionen, bevor nicht alle einmal gesprochen haben.

Das war also die Pflicht, jetzt folgt die Kür! Wenn sich hoffentlich alle Parteien und Mitstreiter verstanden fühlen oder zumindest reden konnten, dann ergeben sich weitere Lösungen meist ganz von allein. Was gesagt wurde schafft normalerweise schon den nötigen Raum dafür. Dem Einen

ist dies wichtig, dem Anderen das. Eventuelle Missverständnisse sind vermutlich ausgeräumt worden und in
entspannter Atmosphäre findet man so wieder schnell
zusammen. Lassen Sie Vorschläge machen und fragen
Sie, auf was man sich einigen möchte.

Und wie zu Beginn gesagt, eine Gruppe hat viele Charaktere und somit viele nützliche Ideen, falls doch noch was
offen geblieben ist. Was dann noch dampft, ist sicher kein
Mist mehr, sondern eher ein leckerer Apfelstrudel und
oben drauf gibt's als Sahnehäubchen noch das sättigende
Gefühl der Versöhnung. So, das wäre dann wohl der Weg
von A nach B gewesen.

**Nach überstandenen Konflikten
sind alle meist gestärkt.**

Warum läuft's in Gruppen nach überstanden Konflikten
geschmeidiger? Das habe ich hier und da mal gefragt. Die
Antworten laufen darauf hinaus, dass man zukünftigen
Problemen gelassener entgegen sieht. Die Gruppe hat es
einmal geschafft, warum sollte man es jetzt, wo man klü-
ger geworden ist, nicht wieder schaffen? Die Gruppe ist
gewachsen und wird mit viel Empathie und Köpfchen nun
zukünftige Herausforderungen meistern. In größeren
Gruppen könnte man derartige Erfahrungen Schwarmin-
telligenz nennen.

Bei den Teilnehmern selbst verändert sich aber auch etwas. Das Gefühl bei persönlichen Schwierigkeiten oder
unangemessenen Verhalten nicht gleich verstoßen zu
werden, ist für viele enorm wertvoll. Wer weiß, dass er
nicht wie eine heiße (oder dampfende) Kartoffel fallenge-
lassen wird, sondern dass mit ihm behutsam umgegangen
wird, der wird sich ganz anders in eine Gruppe einbrin-

Seelenbande

gen. Das nächste Mal wird's für jeden Einzelnen einfacher ein Problem anzusprechen und zu lösen.

Mit anderen Worten: Eine Konfliktlösung ist nicht nur zur Lösung von Problemen gut. Sie schafft einen Beitrag zur Gesundung der Teilnehmer. Und durch ein Mehr an Gemeinsamkeit wird auch eine stärkere Gruppe gebildet. Ach wäre das schön, wenn das meine Schlussworte sein könnten. Aber – und hier gibt's wieder ein Aber:

Es gibt leider auch kaum zu knackende Nüsse.

Meine vielen gut gemeinten Worte vom verstandenen und einsichtigen Menschen treffen nun mal nicht immer zu. An manche Menschen kommt man einfach nicht heran und bisweilen kann man machen was man will – es geht einfach nicht gut aus. Das müssen Sie leider hin und wieder akzeptieren. Was können Sie da aber noch für sich und die Gruppe tun?

Zunächst verschaffen Sie sich und der Gruppe etwas Luft. Schlagen Sie doch vor, die weitere Diskussion zu vertagen. In der Zwischenzeit beruhigen sich manche Gemüter von alleine. Alle haben Zeit und Abstand noch mal nachzudenken, wie man das Ganze noch angehen könnte.

Unterstützung von außen nutzen.

Wenn Sie und die Gruppe dann immer noch nicht weiter wissen, ist es vielleicht Zeit für etwas Hilfe von außen. Auch hier möchte ich wieder auf vertrauensvolle Menschen aus anderen Gruppen, Organisationen oder der nächsten Kontaktstelle verweisen. Die sind häufig im Umgang mit Konflikten geschult und haben die nötige Neutralität. Das kann besonders wichtig sein, wenn Sie persönlich in einem Konflikt involviert sind und sich auf die

Schnelle kein geeigneter Mistreiter aus den eigenen Reihen zum Schlichten findet.

Weiterhin empfehle ich, auf mögliche Angebote zu Supervision zu achten. Dort können Sie über Ihre Probleme und Erlebnisse reden und diese reflektieren. Das kann sehr hilfreich und entlastend sein und Sie lernen wieder neue Methoden und Mistreiter der Selbsthilfe kennen.

Und manchmal ist es sehr wichtig, Unterstützung von außen zu haben. Wenn es zu Konflikten kommt, die einfach nicht mehr lösbar erscheinen, dann kann das eine ganze Selbsthilfegruppe zum Platzen bringen. Das würde ich dann mal eine Krise nennen und da muss man entsprechend Handeln.

Notfalls gilt es die Reißleine zu ziehen.

Ich möchte niemanden verurteilen, aber diverse Mitstreiter gehen öfter mal hoch wie eine Bombe und es bleiben viele Verletzte. Wenn das Verhalten Einzelner immer wieder zu Störungen in einer Gruppe führt, dann ist es vermutlich Zeit für eine Trennung. Manches Verhalten ist kaum zu verstehen oder gar zu tolerieren.

Wer mit einer Depression kommt, den plagt vielleicht noch eine Persönlichkeitsstörung. *„Manch einer liegt halt mit Grippe und einem Beinbruch im Bett"* – so hat das mal ein Psychologe beschrieben. Das kann eine gewöhnliche Gruppe kaum auffangen und da sind oft Profis an ihrem Limit. Hierbei geht es mir nicht darum jeden Querulanten als persönlichkeitsgestört abzustempeln, sondern eine Vorstellung zu bekommen, dass es Menschen gibt, mit denen es recht schwierig werden kann.

Nicht alle Menschen sind gruppentauglich und manchmal sind Mitstreiter nicht in der richtigen Selbsthilfegruppe. Machen Sie sich daher klar: Man kann nicht jeden retten aber rechtzeitig eine Trennung zu veranlassen, kann eine ganze Gruppe retten.

Wenn es also soweit ist, können Sie den Vorschlag machen, dass der Einzelne vielleicht besser seinen eigenen Weg geht und damit Druck und Probleme von sich und der Gruppe nimmt. Auch hier versuchen Sie wieder mit guten Worten und unter Vermeidung von zusätzlichen Verletzungen diesen Weg zu ebnen und gemeinsam zu gehen.

Hören Sie sich hier alle Gedanken und Ansichten der Beteiligten an. Vielleicht gibt es doch noch andere Wege und der Vorschlag bleibt ein Warnschuss. Aber knicken Sie nicht ein, wenn es zu einem wiederholten Mal Beteuerungen zur Verhaltensänderung gibt. Dann machen Sie sich nur unglaubwürdig und es wird immer schwerer die notwendige Trennung herbeizuführen.

Besser ist es, dem Einzelnen eine Unterstützung zur Suche weiterer Hilfe anzubieten. Das könnte dann eine Kontaktstelle, ein Krisendienst o.ä. sein. Dabei ist es sicher nicht verkehrt, rechtzeitig ein paar Adressen zur Hand zu haben.

Und wenn ein ruhiges Gespräch unmöglich ist?

Wenn ein Einzelner mit viel Zorn, Affekten oder Drohungen reagiert, dann bleibt Ihnen nur noch die Reißleine vom Ersatzschirm zu ziehen. Das bedeutet, dass Sie mit Unterstützung der vermietenden Kontaktstelle, Organisation etc. vom Hausrecht Gebrauch zu machen und den Sprengsatz vorsichtig nach draußen zu befördern.

Sobald Sie merken, dass sich so etwas anbahnt, dann sprechen Sie rechtzeitig mit dem Vermieter und holen Sie sich den notwendigen Rat und Unterstützung ein, um auch diesen Weg gehen zu können. Wenn ein Repräsentant des Hauses in der Nähe sein kann und Sie gegebenenfalls entsprechend unterstützt, kann Ihnen das viel Druck nehmen und Sie müssen nicht die ganze Zeit in der Schusslinie stehen. Irgendwann ist das überstanden und alle können wieder aufatmen.

Zugegebenermaßen kommt es nur äußerst selten vor, dass einzelne Miststreiter gehen oder sogar entfernt werden müssen. Aber so ein Notfallplan ist allemal besser, als eine andauernde Krise mit vielen Problemen zu durchleben. Wenn es geknallt hat und vielleicht noch einige andere Teilnehmer gehen –das ist irgendwann überwunden, die verbliebene Truppe wird befreit sein und ihren eigenen Weg weitergehen können.

Übrigens: Was halten Sie von sozialen Medien oder Netzwerken? Das sind tolle Dinge, um sich zu verabreden, Informationen auszutauschen aber auch sich mal so richtig in die Wolle zu kriegen.
Leider wahr: Missverständnisse können durch diese Medien enorm verschlimmert werden und daher gilt es vorsichtig damit umzugehen.
Zu gegebener Zeit könnten Sie das mal zum Thema in der Gruppe machen. Jeder Teilnehmer sollte vermeiden Probleme via Mail, SMS etc. zu besprechen. Das geht in einem persönlichen Gespräch oder mit Unterstützung der ganzen Gruppe einfach besser!

Raum für Ihre Problembewältigung:_____
_____...

14. Umgang mit (zu) großen Gruppen

Nichts ist groß,
was nicht zugleich auch leidenschaftlich ist.

Seneca, römischer Philosoph, meistgelesenen Schriftsteller seiner Zeit

Groß, größer, am größten. Wann ist eine Menschenmenge wirklich „groß"? In einem Rockkonzert kommt bei 30 Leuten sicher keine richtige Stimmung auf, während eine Selbsthilfegruppe dann schon aus den Nähten platzten kann. Und es gibt gewiss noch größere Gruppen. Sollten Sie einer großen Selbsthilfegruppe angehören, werden Sie sich vielleicht schon riesig auf dieses Kapitel gefreut haben und falls Ihre Gruppe noch wächst, habe ich sicher noch ein paar grandiose Hinweise für Ihre Zukunft.

Manche Selbsthilfegruppen sind in vielfacher Hinsicht großartig. Sie haben hart an sich gearbeitet und viel erreicht. Wenn es gut läuft, dann steigen die Mitgliederzahlen und irgendwann stehen sie sich damit vielleicht selbst im Weg. Wie groß dürfen Gruppen werden und was passiert, wenn ihnen die Dinge über den Kopf wachsen? Darum wird es nun gehen und natürlich wie man hier die Kurve kriegen kann.

Die kritische Größe ist nichts Absolutes.

Anfangs habe ich in diesem Buch von einer „kritischen Masse" gesprochen. Damit meinte ich, wie viele Menschen es braucht, um überhaupt eine arbeitsfähige Selbsthilfegruppe zu bilden. Erfahrungsgemäß kommt bei fünf bis acht Teilnehmern genügend Austausch und Dynamik auf, damit die Treffen gut laufen. Je mehr Mitglieder sich aber an den Gesprächskreisen beteiligen, desto weniger Zeit und Aufmerksamkeit bleibt für jeden Einzelnen. Die maximale Teilnehmerzahl hat demnach nach Oben gewisse Grenzen.

Man kann kaum sagen, dass zum Beispiel zehn oder zwanzig Teilnehmer diese Obergrenze bilden. Ab wann die Treffen nicht mehr effizient verlaufen, liegt doch sehr an der Art der Gruppe und deren Arbeitsweise. Zum besseren Verständnis möchte ich dafür zwei sehr verschiedene Typen von Selbsthilfegruppen unter die Lupe nehmen. Sucht- und psychosoziale Gruppen arbeiten meist nach sehr unterschiedlichen Methoden. Man kann das zwar nicht verallgemeinern, aber für ein prinzipielles Verständnis von verschiedenartigen Vorgehen und deren Vorzügen sowie Grenzen, mag uns das genügen.

In Suchtgruppen sorgt in der Regel ein „harter Kern" an Mitgliedern für ein gewisses Maß an Disziplin, was die Abläufe und Verteilung der Redebeiträge angeht. In den Gesprächsrunden wird eher nur geredet als tiefgreifend miteinander diskutiert. Das erleichtert die Moderation und eine größere Zahl an Teilnehmer wird, zeitlich limitiert, gut sprechen können.

So schaffen es diese Gruppen mit hohen Teilnehmerzahlen gut miteinander umzugehen und erreichen damit viele Betroffene. Zehn bis dreißig Teilnehmer sind hier keine Seltenheit. Eine gewisse Fluktuation durch wechselnde Mitstreiter gehört ebenfalls zur Eigenart von Suchtgruppen.

Je größer der Diskussionsbedarf,
desto kleiner sollten die Gruppen sein.

Bei psychosozialen Gruppen sieht das etwas anders aus. Da wird die maximale Teilnehmerzahl wohl geringer ausfallen. Das meist themenzentrierte Arbeiten erzeugt einen größeren Diskussions- und Redebedarf bei den Teilnehmern. Der Redeanteil der Einzelnen wird größer und um jedem gerecht zu werden sind meist acht bis zehn Teilnehmer die Obergrenze bei deren Treffen. Sind mehr Mitglieder anwesend, braucht es schon einiges an Aufmerksamkeit, Disziplin und eine gute Moderation, damit niemand bei den Gesprächsrunden zu kurz kommt.

Bei manchen Betroffenen wird eine größere Teilnehmerzahl auch als laut oder irritierend empfunden. Das kann zum Fernbleiben führen und daher sollten Gruppen im psychosozialen Bereich nicht zu groß werden.

Die Teilnehmerzahl ist nicht gleich Gruppengröße.

Bisher habe ich bewusst von der Teilnehmerzahl geschrieben. Damit meine ich die Zahl der Menschen, die bei einem Selbsthilfetreffen anwesend sind. Die tatsächliche Gruppengröße wird jedoch darüber liegen, da selten alle Mitstreiter zu einem Treffen kommen. Bei derselben Teilnehmerzahl ergeben sich je nach Anwesenheitsquote unterschiedliche Gruppengrößen. Ist die Anwesenheitsquote hoch, werden die Gruppen klein sein und umgekehrt.

Es macht schon einen Unterschied, ob eine Selbsthilfegruppe „offen" oder „geschlossen" ist. Bei geschlossenen Gruppen, die keine Neuzugänge aufnehmen, ist die Gruppengröße stabil. Bei offenen Gruppen hingegen, wo dauernd neue Mitstreiter hinzu kommen können, wird diese Zahl jedoch nur schwer zu ermitteln oder zu kontrollieren sein. Dadurch wird die tatsächliche Teilnehmerzahl bei den Treffen noch schwerer absehbar sein.

Kürzen wir das einmal ab: Wünschenswert wäre demnach eine geringe Fluktuation, was vielleicht zu einer geschlossenen Gruppe und zuletzt zu einer stabilen und kalkulierbaren Teilnehmerzahl führen könnte. Leider können wir das nicht immer absehen oder wollen den Weg kleiner stabiler Gruppen gar nicht gehen. Also schauen wir uns zunächst an, wie wir mit Gruppen umgehen können, die nur manchmal groß sind und danach, was wir mit stetig anwachsenden Gruppen machen können.

Was tun, wenn mal alle da sind?

Im Sommer oder zu den Ferienzeiten geschieht es selten, doch gerade in der dunklen Jahreszeit kann es passieren, dass sehr viele oder auch schon mal alle Teilnehmer zu einem Treffen kommen. Dann wird es eng und die Aufmerksamkeit aller Mitstreiter ist nur schwer für die Dauer des gesamten Beisammenseins aufrecht zu erhalten. Eine normale Sitzung ist dann kaum noch durchzuführen. Aber mit ein wenig Kreativität werden wir doch noch ein gelungenes Treffen daraus machen.

Zunächst sollten wir der Gruppe vorschlagen, sich vorübergehend zu teilen. Schon bei der Begrüßung können wir darauf hinweisen. Der beste Zeitpunkt für eine Trennung ist dann direkt nach dem Startblitzlicht. Aus den Themen des Blitzlichts ergibt sich meist schon eine sinnvolle

Teilung in zwei oder drei Kleingruppen.

Die räumliche Trennung wäre quasi „Plan A", wobei sich die Untergruppen in einen anderen Raum, den Vorraum o.ä. begeben können. Bei einem großen Raum, kann man sich z.B. in unterschiedliche Ecken verziehen. Dabei braucht jede Gruppe einen eigenen Moderator. Dies und auch der Zeitpunkt zu dem man sich wieder zum Schlussblitzlicht treffen wird, sollte vor der Trennung abgesprochen werden. Ein gewisses Zeitpolster für das hin und her sowie für ein verlängertes Schlussblitzlicht sollten wir dabei unbedingt einplanen.

Viele Menschen mögen die Teilung ihrer Selbsthilfegruppe gar nicht. Da braucht es ein wenig Fingerspitzengefühl, aber auch Mut das durchzusetzen. Wenn ich hier mal nicht weiterkomme, bitte ich es trotzdem mit der vorübergehenden Trennung zu versuchen. Und ich warne vor zu langen Diskussionen darüber, denn schnell ist das halbe Treffen mit der entsprechenden Debatte vertan. Wir werden nie alle Wünsche und Bedürfnisse der Teilnehmer berücksichtigen können. Deshalb vielleicht lieber etwas Neues ausprobieren und *hinterher* urteilen, was gut war oder wie man es beim nächsten Mal handhaben möchte.

Falls die Gruppe räumlich nicht getrennt werden kann oder partout keine Trennung möchte, dann haben wir noch „Plan B": Wir teilen die Aufmerksamkeit der Teilnehmer innerhalb der Gruppe. Das geht, indem sich die Mitstreiter lediglich mit dem Nachbarn über ihre Themen unterhalten. So können viele Gespräche auf kleinem Raum stattfinden und man braucht keine Moderatoren.

Diese 2er oder 3er Gespräche sind zwar eine Art der Kleingruppenarbeit, aber die Teilnehmer bleiben dabei in ihrem Raum. Leider können die vielen Gespräche etwas laut werden. Daher bitte ich, sich nah zueinander zu setzen und möglichst ruhig zu unterhalten. Ich nenne das dann bewusst „Murmelgruppen". Hier ist wichtig, das Ende der Gesprächsrunden vorher festzulegen, um beim Schlussblitzlicht nicht unter Zeitdruck zu geraten.

Wie wäre es mit einem „Speeddating"?

Einen weiteren Vorschlag hätte ich noch. Nennen wir ihn „Plan C". Er eignet sich allerdings nur bei Stuhlkreisen, da Tische o.ä. zu sehr im Weg sein würden. Nehmen wir mal an, dass ungefähr die Hälfte der Teilnehmer ein Thema in Form einer Frage hat und die andere Hälfte nicht. Dann setzen sich die „Fragenden" in einen Innenkreis und die „Antwortenden" gegenüber in den entsprechenden Aussenkreis.

Jetzt sollten sich jeweils zwei Gesprächspartner gegenüber sitzen und für eine gewisse Zeit über das Thema des Fragenden reden können. Los geht's also mit dem „Speeddating". Nach fünf bis maximal zehn Minuten wird das Gespräch unterbrochen und die Teilnehmer im Aussenkreis wechseln ihre Plätze im Uhrzeigersinn. Das kann man drei bis vier Mal wiederholen und so bekommt jeder unterschiedliche Gesprächspartner zu Gesicht. Beim Abschlussblitzlicht bitte wieder etwas mehr Zeit für ein wenig Feedback der Gespräche zu berücksichtigen.

Die drei Vorschläge, Plan A-C, eignen sich natürlich nicht nur, wenn eine Gruppe gelegentlich zu groß ist. Auch dauerhaft große Gruppen können nach diesen Prinzipien agieren. Damit können sie ihre Arbeitsfähigkeit bei hoher Teilnehmerzahl erhalten und immer wieder etwas Schwung in die Gruppe bringen.

Bei stetig anwachsenden Gruppen kommen wir aber mit aller Methodik irgendwann an einen Punkt, wo wir die Arbeitsfähigkeit bei den Treffen nicht mehr gewährleisten können. Es wird zu laut, zu unaufmerksam und Einzelne gehen mit ihren Themen unter. Wenn es zu eng wird, dann muss man wieder Platz schaffen.

Türen zu und die natürliche Fluktuation nutzen.

Ein einfacher Weg, eine große Gruppe wieder kleiner zu bekommen, ist die bewährte Methode des „Gesundschrumpfens". Dabei nimmt eine Selbsthilfegruppe solange keine neuen Mitstreiter auf, bis die Teilnehmerzahl durch Austritte oder Fortbleiben wieder ein angenehmes Maß erreicht hat. Eine „offene Gruppe" schließt sich und wird zur „Geschlossenen Gruppe".

Manche Gruppen wollen sich aber gar nicht schließen. Wenn es einer Selbsthilfegruppe wichtig ist, anderen zu helfen und sie dabei größenmäßig an ihre Grenzen stößt, dann wird kaum ein Weg an einer dauerhaften Teilung vorbeiführen.

Warten Gruppen zu lange mit der Teilung, riskieren sie Mitglieder zu verlieren. Wird es beispielsweise immer wieder laut oder chaotisch, hält das viele Menschen fern. Dann rieselt der Gruppe der Sand förmlich durch die Finger, den sie festhalten wollte. Große Gruppen mit hoher Fluktuation sind oft ein schlechtes Beispiel hierfür.

Gründen wir eine neue Selbsthilfegruppe.

Wie man eine neue Selbsthilfegruppe gründet, hatten wir ja zu Beginn dieses Buches behandelt. Inzwischen sind wir sicher ein Stück gewachsen und eine weitere Gründung fällt uns nicht mehr so schwer. Bestimmt können wir die vorhandene Beziehung zur Kontaktstelle oder Organisation nutzen, die uns schon beim ersten Mal geholfen hat. Und wie sieht es mit der Unterstützung aus unseren eigenen Reihen aus?

Mit ein wenig Glück, wird uns die ganze Gruppe bei der Neugruppengründung unterstützen. Es liegt ja im Interesse aller, dass die Gruppe kleiner wird. Ansonsten bleibt uns sicher noch „der harte Kern" unserer Gruppe, mit dem wir uns gemeinsam an die Arbeit machen können.

Die Planung der neuen Gruppe sollte außerhalb der regulären Treffen stattfinden, da das einigen Umfang annehmen kann. Den Raum suchen, Termine festlegen, Organisatorisches leisten und schließlich das Gründungstreffen vorbereiten. Je mehr Schultern wir haben, desto leichter wird das alles.

Wer geht mit in die neue Gruppe?

Als letzter Schritt bleibt uns die Gruppe zu teilen. Das ist emotional nicht einfach, da sich fast jeder an die bisherige Konstellation gewöhnt hat. Die Mehrheit ist meist träge und wird sich nicht so leicht bewegen lassen. Doch es wird einige geben, die vielleicht einen anderen Termin bevorzugen oder etwas Neues ausprobieren wollen. Die nehmen wir schon mal mit.

Nun braucht es ein wenig Überzeugungsarbeit oder sanften Druck, damit wir noch einige Mitstreiter in die neue Gruppe bekommen. Wenn alle Teilnehmer sehr entspannt sind, dann können wir ein Spiel daraus machen und abzählen oder losen, wer bleibt oder wer geht. Ansonsten machen wir uns einfach etwas rar und gehen mit „dem harten Kern" vermehrt in die kleinere Gruppe. Das kann ein wenig Sog auf die restliche Bande ausüben.

Die beiden Gruppen werden von nun an parallel laufen und mit der Zeit werden sich die Teilnehmerzahlen und die Abläufe einspielen. Für welche Gruppe sich jeder entscheidet, sollte nach einigen Wochen aber entschieden werden. Dann wissen alle woran sie sind und in gutem Kontakt kann man ja trotzdem bleiben.

Übrigens: Nicht nur bei (zu) großen Gruppen kann es vorkommen, dass die Ansichten über Ziele oder Arbeitsweisen auseinandergehen. Dabei können unterschiedliche Vorstellungen durchaus sinnvolle Gründe für eine Teilung der Gruppe darstellen. Vielleicht möchte ein Teil die Selbsthilfegruppe lediglich als Ort der Begegnung nutzen, während ein anderer Teil themenzentriert arbeiten will. Nicht immer vertragen sich alt und jung oder Männer und Frauen etc.

Auch in solchen Fällen sollte man frühzeitig darüber reden und eine Trennung im Guten anstreben. Dann können alle Teile auf ihre Weise glücklich werden und wachsen. Die gemeinsamen Wurzeln bleiben und oft gibt es einen Austausch über die Trennung hinweg.

Kolossaler Raum fürs Große und Ganze:_____
_____...

15. Achtsamkeit und Aufmerksamkeit

Eins zwei drei, im Sauseschritt,
läuft die Zeit; wir laufen mit.

Wilhelm Busch, tüchtiger humoristischen Dichter und Zeichner

Kommt jetzt das Ding mit der Rosine? Sie wissen schon: Wie sieht eine Rosine aus? Wie riecht sie? Wie fühlt sie sich an? Und schlussendlich: Wie schmeckt sie? Das ist doch irgendwie immer Teil eines klassischen Achtsamkeitstrainings. Und wenn es mal keine Rosine ist, dann ist es vielleicht ein Keks, eine Kaffeebohne oder ein Gummibärchen. Aber nein, bei mir geht's erst mal nicht um Kohlenhydrate.

Beim Thema „Achtsamkeit und Aufmerksamkeit" sind mir eher die Teilnehmer und die Gruppe wichtig. Einerseits möchte ich Ihnen und den Teilnehmer schmackhaft machen, auf sich und ihre eigene Bedürfnisse zu achten. Andererseits finde sich es sehr wichtig, die Achtsamkeit für einander nicht aus den Augen zu verlieren und einander die gebührende Aufmerksamkeit zu schenken. Bei den meisten Gruppen gibt's da noch viel zu tun. Fangen wir zur Abwechslung mal von hinten an und widmen unser ganzes Interesse der Aufmerksamkeit.

Die Zeichen der Zeit erkennen.

Vielen Menschen fällt es schwer sich auf etwas zu konzentrieren und sie lassen sich gerne und schnell ablenken. Wie steht es gerade mit Ihrer Aufmerksamkeit? Sind Sie noch abgelenkt vom Gedanken an Kekse, Kaffee, Gummibärchen oder Rosinen? Also wenn Sie unbedingt wollen, dann holen Sie sich schnell Ihren Schmaus und Sie sind wenigstens nicht unterzuckert und bereit für alles weitere.

Ablenkungen bedeuten Abwechslung und Zerstreuung. Das klingt zwar toll, doch in einer Gemeinschaft ist das eher hinderlich. Es gibt Gruppen in denen jeder nur sein eigenes Ding zu machen scheint. Viele lassen sich von den Sachen ablenken, die sie gerade umgeben. Lautstark Kekse oder Chips essen. Das Handy bedienen oder nebenbei lesen. Und nicht zuletzt Seitengespräche und lautes Gelächter. So ist es halt in anderen Gruppen üblich – aber passt das in die Selbsthilfe? Sicher nicht!

Reden Sie über die Ablenkungen.

Oft genügt es diese Störungen anzusprechen und alle sehen schnell ein, wie wichtig Ruhe und Aufmerksamkeit sind. Aber manchmal höre ich Kommentare, wie: *„Das ist doch nicht so schlimm"* oder *„Wir sind doch hier nicht in der Schule."* Doch ist es schlimm und ein bisschen gute Schule wäre gar nicht schlecht. Sonst ist es wie bei einer Kiste mit Äpfeln: Ein bis zwei faule Früchte stecken schnell die andern an. Schnappen wir uns also diese Früchtchen und reden mit denen.

Machen wir das Thema „Umgang mit Ablenkungen" ruhig zum Gruppengespräch. *„Wie wollen wir damit umgehen? Was ist euch wichtig?"* können wir fragen. Und auch wenn sich einige Teilnehmer regelmäßig ablenken lassen und das gar nicht so schlimm finden – spätestens wenn diese Schlingel selbst ein Anliegen haben, werden sie es sich anders wünschen.

Wenn Menschen nur mit der halben Aufmerksamkeit bei der Sache sind, dann kann man kaum themenzentriert arbeiten oder über persönliche Probleme reden. Darum geht's aber in der Selbsthilfe und darauf kann man sich mit den meisten Menschen gut verständigen. Der Spaß an der Sache und eine gute Portion Ausgelassenheit sollen darunter sicher nicht leiden. Aber immer nur Kaffeekränzchen oder Partygeplauder gehören auf Dauer nicht in eine Selbsthilfegruppe. Das gibt's woanders zuhauf und dort kann man das ja machen.

Hier aber noch ein paar Tipps, wie man mit mangelnder Aufmerksamkeit in der Gruppe noch umgehen kann:

• <u>Vorbild sein und Lächeln:</u> Das sind die Klassiker mit denen man am meisten erreicht. Wenn wir etwas vormachen, fällt es anderen leichter zu folgen. Und bei einem Lächeln fällt das alles noch leichter.

• <u>Strukturen nutzen:</u> Wenn Abläufe klar sind und sich wiederholen, dann fällt es Menschen leichter sie anzunehmen und mitzumachen. Eine Begrüßung beispielsweise stellt den Beginn des Treffens und damit das Ende von Seitengesprächen dar.

• <u>Pausen anbieten:</u> Sobald sich die Mitstreiter nicht mehr richtig konzentrieren können, ist es vielleicht Zeit für eine kleine Auszeit. Nach einer Pause läuft es meist besser weiter.

• <u>Rituale pflegen:</u> Gemeinsame Aktivitäten rund um die Selbsthilfegruppe schaffen ein besseres „Wir-Gefühl". Damit wird es allen Teilnehmern wichtig, dass die Treffen gut klappen und Störungen reduziert werden.

• <u>Ämter abgeben:</u> Moderieren oder sich um andere Dinge kümmern, ist nicht leicht. Wenn andere das auch mal gemacht haben, wird das mehr Rücksicht und Verständnis für die Arbeit innerhalb der Gruppe bringen.

- <u>Zeit und Geduld haben:</u> Falls alles nicht gleich klappt – abwarten! Manchmal haben wir ein Samenkorn gelegt, welches erst mit der Zeit aufgeht. Vertrauen oder Einsichten wollen wachsen.

- <u>Mitmachen:</u> Wenn nichts mehr hilft und sowieso kein besonderes Thema anliegt, dann quatschen und lärmen wir doch einfach mal mit. Das entspannt uns und wir stehen nicht immer so oberlehrerhaft da.

Wie steht es denn aber mit unserer eigenen Aufmerksamkeit? Also die für uns selbst? Auf die Frage: *„Wie geht es Dir/euch?"* wird ja regelmäßig mit *„Gut"* geantwortet. Aber was sagt das aus? Ist „gut" nicht nur eine Floskel? Und passt das zur Selbsthilfe?

„Gut" ist doch kein Gefühl!

Viele Menschen wissen gar nicht so richtig wie es ihnen geht. Die Floskel „gut" kommt dann gerade recht, um etwas geantwortet zu haben und sich gegebenenfalls etwas Abstand zum Fragenden zu schaffen. Wenn wir in der Selbsthilfegruppe aber über unsere Probleme reden wollen, dann ist Oberflächlichkeit vielleicht doch nicht der richtige Weg. Wenn wir wissen wollen, wie es unserem Gegenüber geht, dann müssen wir ihn schon nach seinen Gefühlen fragen. Schlagen Sie beim Blitzlicht doch mal vor auf das Wort „gut" zu verzichten – das wird spannend!

Es ist eine schöne Idee, jemanden nach seinen Gefühlen zu fragen. Das klappt anfangs meist nicht so gut. Oder wissen Sie, wie Sie sich jetzt gerade fühlen? Als ich das erste Mal in einer Klinikgruppe danach gefragt wurde, konnte ich nichts damit anfangen. Da musste man mich ganz behutsam hinbringen. So machen wir das jetzt auch!

Eine Möglichkeit ist es, die Teilnehmer zunächst lieber nach ihren Stimmungen zu fragen. Da kommen manche Menschen leichter ran. Besonders Herren tun sich oft leichter ihre Stimmung zu ergründen. Das scheint nicht so viele Facetten zu bieten und klingt nicht so intim.

Wenn die Frage nach „Stimmungen" oder „Gefühle" für Sie keinen Unterschied macht, dann also ran an den Speck und wir schauen mal, wie wir noch nach Gefühlen stöbern können. Da wird sich doch was finden lassen...

Freunden schenkt man doch ein paar Gefühle.

Was mir geholfen hatte, auf meine jeweiligen Gefühle zu kommen, war eine simple Liste mit allen möglichen Emotionen. Die gab es in der Klinik umsonst und ich durfte mir was Passendes heraussuchen. Inzwischen sind mir viele verschiedene derartige Listen untergekommen und auch im Internet findet man sie.

Mein Vorschlag wäre es, zu gegebenen Anlass eine solche Liste dabei zu haben und den Teilnehmer zum Durchstöbern anzubieten. Damit Sie wissen, was da so drauf stehen kann, habe ich mal was für sie vorbereitet. Hier nun:

Die Gefühlsliste:
- Abgeneigt, ablehnend, angewidert, Ekel
- Aktiv, agil, arbeitsam, begeistert, tatkräftig
- Ängstlich, besorgt, misstrauisch, apathisch
- Argwöhnisch, arrogant, boshaft, aggressiv
- Ärgerlich, sauer, wütend, zornig
- Dankbar, erfüllt, gelöst, verstanden
- Entspannt, gelassen, angenehm, beruhigt
- Einsam, alleine, ausgegrenzt

- Eifersüchtig, neidisch, skeptisch
- Enttäuscht, frustriert, unzufrieden
- Entsetzt, geschockt, missbilligend
- Erschöpft, atemlos, passiv, müde
- Frei, offen, gelassen, erleichtert
- Fröhlich, Lustig, freudig, humorvoll
- Geschmeichelt, attraktiv, Rotwerden
- Gestresst, überfordert, unruhig
- Gequält, Schmerzen, verspannt, verkrampft
- Gelangweilt, gleichgültig, jämmerlich
- Glücklich, zufrieden, ausgelassen
- Hysterisch, aufgedreht, rastlos, panisch
- Kalt, frostig, eisig, frisch
- Konzentriert, nachdenklich, aufmerksam
- Mitfühlend, empathisch, empfindsam
- Mutig, tapfer, sicher, entschlossen
- Neugierig, interessiert, munter, wach
- Nervös, perplex, verwirrt, bestürzt
- Optimistisch, zuversichtlich, hoffnungsvoll
- Stur, bockig, stoisch, widerspenstig
- Schuldig, peinlich, verschämt
- Schwitzend, warm, flammend
- Stolz, selbstbewusst, selbstsicher
- Traurig, betrübt, niedergeschlagen, depressiv
- Überrascht, erstaunt, verblüfft, unklar
- Unsicher, schüchtern, unschlüssig, verzweifelt
- Verletzt, zerknirscht, wehmütig
- Verliebt, anhänglich, romantisch, Zuneigung

Die Reihenfolge der Emotionen in dieser Aufstellung ist eher willkürlich gewählt. Ich habe einige Listen zusammen gefasst, die Begriffe alphabetisch geordnet und dann Synonyme hinzugefügt. Ich hoffe, das passt für Sie, ansonsten schreiben Sie hinzu was Ihnen fehlt.

<u>Zum Umgang mit einer solchen Gefühlsliste:</u> Mit ihr kann man ganz spielerisch nachfragen oder nachspüren, was gerade in einem los ist. Was an Begriffen passt oder uns gerade anspringt, wird unseren momentanen Gefühlen wahrscheinlich gut entsprechen.

Wenn Ihre Mitstreiter neugierig geworden sind, aber immer noch nicht so recht wissen, wie sie sich fühlen, dann kann man das ja noch mit einigen Fragen unterstützen.

Sensibilität durch Konzentration auf einzelne Sinne.

Machen wir doch zunächst eine kurze Körperschau und fragen, was wir in uns spüren. Wie fühlen sich unsere Füße und Beine an? Wie unsere Arme und Schultern? Dann unser Rumpf und wie sieht es mit unseren Organen aus? Tut dort etwas weh oder bereitet uns Probleme? Und zuletzt unser Kopf und unser Kiefer – da kommen schließlich viele Verspannungen her. Schaut man sich seinen Körper stückweise von innen an, nimmt man viel wahr, was man sonst vielleicht übersehen hätte.

Mit unseren anderen Sinnen nehmen wir vieles wahr. daher können wir mit der Gruppe auch mal experimentieren, vielleicht mal nach draußen gehen und uns ganz bewusst fragen, was wir sehen, hören, riechen oder auf der Haut spüren. Mit der Konzentration auf einzelne Sinne, werden wir aufmerksamer und kommen unseren Empfindungen so ein Stückchen näher.

Schließlich lassen wir noch den Tag Revue passieren und fragen uns, was so alles war. Wenn wir das in Ruhe machen und versuchen zu ergründen, was das in uns bewirkt hat, so wird das zu einem achtsamen Umgang mit uns beitragen. Fragen wir unsere Mitstreiter auch hier, was sie hierdurch empfinden konnten.

Auch wichtig: Empathie für andere!

Kommen wir nun zur Königsdiziplin der Achtsamkeit: Dem Einfühlen in andere Mitstreiter. Selbst wenn Betroffene in der Regel ein feines Gespür füreinander haben, hätte ich noch zwei Dinge, die ich Ihnen vorschlagen möchte.

Zum einen: Fragen Sie in Ihrer Gruppe, was den Teilnehmern helfen kann sich besser zu verstehen. Offenheit, Ehrlichkeit, Respekt oder Freigiebigkeit sind Begriffe, die Sie vielleicht hören werden. Allein diese Dinge ausgesprochen zu haben, wird das Verständnis füreinander und damit die Gemeinschaft stärken.

Eine andere Übung nenne ich „Positive Spekulation". Dabei dürfen sich die Gruppenteilnehmer sagen, was sie in einem anderen erkennen. Das heißt, sie spekulieren darüber, wie es jemanden gerade geht. Damit das möglichst keinen Konflikt auslöst, ist es wichtig, diese Übung mit viel Respekt und Wertschätzung auszuüben. *„Du siehst glücklich aus"* oder *„Bist Du vielleicht traurig?"* wären zwei Beispiele dafür, während *„Du siehst so weinerlich aus – flennst Du gleich?"* eher nicht ratsam wäre.

Wenn jemand nicht mitmachen möchte, sollte man ihn nicht dazu zwingen. Auch als „Zaungast" würde er von dieser Übung profitieren und vielleicht später einsteigen. Ansonsten braucht es Zeit und Ruhe, damit die Beteiligten über die Spekulationen und die Gefühle, die dabei entstehen, reden können. Es ist oft erstaunlich, wie treffsicher manche Menschen bei einer solchen Übung sind, aber auch, wie gut es andere schaffen ihre Gefühle zu verbergen. Zumindest werden sich die Teilnehmer besser kennen und schätzen lernen. Damit sollte einem achtsameren Umgang miteinander nichts mehr im Wege stehen.

Ich hoffe, in diesem Kapitel war etwas für Sie und Ihre Mitstreiter dabei, damit es etwas bedachter bei Ihnen läuft. Vielleicht braucht es trotzdem noch eine Weile bis ihre Gruppe Verständnis für einen achtsamen Umgang aufbringt, aber das wird schon – immer dran bleiben.

Ansonsten komme ich auf die Rosinen, Kekse oder den Kaffee zurück. Die müssen wir ja nicht selber essen, sondern können sie unseren Mitstreitern anbieten. Koffein und Kohlenhydrate machen wach und vor dem Verzehr kann man ja noch an ihnen schnuppern und alle anderen Sinne ausprobieren. Viel Spaß dabei!

Übrigens: Achtsamkeit und Aufmerksamkeit kommen ja nicht von alleine. Jede gute Einstimmung darauf kann einen ruhigen Moment gebrauchen. Diesen Moment können Sie ganz bewusst erzeugen. Besonders Klänge eignen sich hervorragend dazu.
Ja, die Buddhisten mit ihrer Klangschale lassen grüßen. Eine Klangschale zu nutzen, ist eine gute Möglichkeit zum Beispiel zu Beginn und Ende eines Treffens Ruhe einkehren zu lassen. Dann haben die Teilnehmer während des Klangs der Schale die Zeit mal in sich hineinzuschauen, wie es ihnen geht und was sie bewegt.
Auch Umgebungsgeräusche kann man dafür gut nutzen. Der Gong einer Standuhr, Kirchenglocken oder eine vorbeifahrende Bahn sind oft so geräuschvoll, dass sie eh

jedes Gespräch stören. Da kann man doch in der Gruppe vereinbaren, bei derartigen Momenten kurz inne zu halten und die Zeit für sich zu nutzen.

Raum für Ihr Ohhhhm:_____
_____...

16. Spot an fürs Blitzlicht

Tausende von Kerzen
kann man am Licht einer Kerze entzünden,
ohne das ihr Leben kürzer wird.

Buddha, brachte Weisheit und Mitgefühl in die Welt

Im Grunde hängen die Selbsthilfe und das Blitzlicht so eng zusammen, wie das Automobil und die Zündkerze. Aber viele Autofahrer haben ja noch nie eine Zündkerze in der Hand gehabt. Trotzdem wissen die meisten Menschen, dass Zündkerzen zum Starten und Betrieb eines Benzinmotors unentbehrlich sind.

Ganz ähnlich verhält es sich mit Blitzlichtern in der Selbsthilfe. Irgendwie sind sie wichtig, aber über das wie und warum weiß kaum jemand etwas. Da können wir ja mal Licht ins Dunkel bringen.

Das Blitzlicht ist für einen guten Start und reibungslosen Ablauf eines Gruppentreffens fast unerlässlich. Ich hoffe, ich kann Sie in diesem Kapitel von diesem Grundsatz überzeugen. Dazu möchte ich Ihnen noch ein paar zündende Ideen zum Betrieb eines Blitzlichtes auf den Weg geben. Es ist doch erstaunlich, was so ein Blitzlicht alles vermag und wie man es einsetzen kann.

Falls immer noch jemand im Dunkeln tappt, klären wir die Unwissenden doch erst einmal auf. Ich komme doch immer wieder in Gruppen, wo ich gefragt werde:

Was ist denn eigentlich ein Blitzlicht?

Das so genannte „Blitzlicht" beschreibt eine Methode, die man hauptsächlich in der Selbsthilfe findet. Damit werden Gesprächsrunden in der Regel begonnen und beendet. Wichtig beim Blitzlicht ist es, dass die Teilnehmer kurz ihr Befinden, ihr Anliegen oder ihre Meinung äußern können.

Die Teilnahme am Blitzlicht sollte zwanglos und freiwillig sein. Grundsätzlich sollten die Redebeiträge aber wirklich kurz sein und möglichst keine weiteren Diskussionen aufkommen. Bei zusätzlichem Gesprächsbedarf sollte der auf die nachfolgende Arbeitsphase verschoben werden. Reine Verständnisfragen sind hingegen erwünscht.

Wenn eine Gruppe nach diesen Vorgaben mit einem Blitzlicht umgeht, wissen alle Beteiligten nach kurzer Zeit, wie es ihren Mitstreitern geht und was sie bewegt. Sinn und Zweck des Blitzlichts ist es demnach, einen schnellen Überblick über mögliche Themen für nachfolgende Gesprächsrunden zu bekommen.

Wenn Ihnen jetzt ein Licht aufgegangen ist und Sie besser verstehen, was ein Blitzlicht ist und wofür es da ist, dann teilen Sie dieses Wissen doch mit Ihrer Gruppe. Geteiltes Wissen ist halbes Leid – damit meine ich, dass Sie es bei der Moderation nicht so schwer haben.

Auch wenn alle Gruppenteilnehmer das Wissen rund ums Blitzlicht haben, es kommt doch immer wieder mal zu Fehlzündungen. Rund um das Blitzlicht kann so einiges schief gehen. Daher schauen wir uns jetzt mal ein klassisches Blitzlicht an und was so alles passiert kann, wenn wir zu sehr davon abweichen.

Erst die Begrüßung, dann das Blitzlicht.

Mit einer Begrüßung weiß jeder, dass es los geht und wir haben die volle Aufmerksamkeit. Vergisst man das, gibt es sicher noch irgendwo Nebengespräche und unsere Worte für das Blitzlicht gehen vielleicht unter. Dann weiß der eine oder andere nicht so recht, was wir gesagt oder gefragt haben und wird nicht richtig folgen können.

Ein Blitzlicht besteht aus Fragen.

Im Blitzlicht sollten die Gruppenteilnehmer ihr Befinden, ihr Anliegen oder ihre Meinung äußern können. Also fragen wir sie doch danach: *„Wie fühlt ihr euch gerade und habt ihr ein Thema, was wir besprechen können?"*

Fragen nach Gefühlen oder Stimmungen bringen in der Regel mehr Hinweise über das Befinden der Teilnehmer, als ein schlichtes *„Wie geht es euch?"* Sie kennen die Standardantwort bereits: *„Gut."*

Man kann sicher auch anders nach dem Gesprächsbedarf fragen. Das können Sie machen, wie Sie wollen. Aber vermeiden Sie die Teilnehmer danach zu fragen, was sie seit dem letzten Mal gemacht haben. Dann erzählen die meisten Menschen mehr oder weniger detailliert den Wochenablauf, was jedes Blitzlicht sprengen würde.

Vorwärts rein, rückwärts raus...

Es kann Sinn machen vorzuschlagen, welcher Teilnehmer das Blitzlicht beginnt und ob es dann nach links oder rechts weitergeht. Dadurch können Sie den Start und Ablauf des Blitzlichtes ein wenig zum Positiven beeinflussen. Insbesondere gibt es Klarheit in der Reihenfolge und Sie vermeiden Vielrednern oder schwer zu kontrollierenden Menschen zu früh das Wort zu geben. Das ist nicht böse gemeint, aber manchen Mitstreitern fällt es schwer die richtige Dosis beim Reden zu finden. Wenn es jemand vormacht, fällt es allen leichter.

Wie alle guten Dinge in der Selbsthilfe kann ein Blitzlicht ein gutes Vorbild gebrauchen. Bitten Sie daher jemanden, dem Sie das gut zutrauen, zu beginnen. Wenn es nicht anders geht, können Sie das auch selber machen, aber ich habe oft den Eindruck, dass es manche Gruppen ein wenig hemmt, wenn der Moderator selber beginnt.

Kleiner Exkurs: Falls dieses Buch mal ein „Profi" lesen sollte und sich fragt, wie weit man sich als „Autorität" selbst beim Blitzlicht beteiligen oder einbringen sollte:

Bitte machen Sie mit!

Wie jeder andere Beteiligte sollten Sie natürlich darauf achten nur Dinge Preis zu geben, die Sie möchten. Wenn jedoch Profis sich am Blitzlicht und der Gesprächsrunde authentisch beteiligen, profitieren wieder alle davon. Sonst gibt manchmal ein unbehagliches Gefühl in der Gruppe oder Sie stehen vielleicht außen vor. So habe ich das zumindest in einer Klinik empfunden, wo das so gemacht wurde. Der Funke springt dann nicht so gut über.

Nach einem guten Anfang, kann das Blitzlicht wahllos weitergehen. Wenn es jedoch kreuz und quer springt, dann bringt das manchmal Unruhe in die Gruppe. Es passiert oft, dass jemand, der gerne redet, schnell das Wort ergreift. Schüchterne Zeitgenossen hingegen können sich dadurch ausgebremst fühlen und machen auch später nicht mehr richtig mit.

Daher mein Vorschlag: Spielen Sie den Zündverteiler und geben Sie eine Richtung vor. Schauen Sie, in welcher Richtung der Selbsthilfemotor nicht so schnell abgewürgt werden könnte – also eventuelle „Störer" erst spät zu Worte kommen. Die haben dann genug Anlauf und Vorbilder, um sich kürzer zu fassen und das Blitzlicht läuft rund.

Und dann die Rolle rückwärts: Damit sich niemand bei diesem Vorgehen benachteiligt fühlen kann, machen Sie das Abschlussblitzlicht einfach in umgekehrter Reihenfolge. Wenn wir die Zündkerze rechtsherum eindrehen, dann drehen wir sie linksherum wieder heraus.

Falls das Startblitzlicht zum Beispiel bei Anna anfing und im Uhrzeigersinn bis Zacharias ging, dann beginnt Zacharias das Abschlussblitzlicht und es geht entgegengesetzt zurück bis zur Anna. Wer beim Startblitzlicht warten musste, darf am Ende vorrangig sprechen.

Alle Vorschläge zusammengenommen, sind das vielleicht etwas viele Vorgaben – es hat sich aber alles gut bewährt und macht die Moderation des Blitzlichts einfacher. Sie können ja schauen, was für Sie und Ihre Gruppe passt.

Wenn Sie Bedenken zur Einführung der Vorschläge in Ihrer Gruppe haben, fragen Sie wieder Ihre Gruppe: *„Ich habe da etwas zum Blitzlicht gelesen und würde es gerne mal ausprobieren – darf ich mal?"* Es ist sicher besser sich das OK abzuholen, als einfach drauf loszulegen.

Wie geht man mit Vielrednern oder unendlichen Blitzlichtern um?

Kommen wir nun zu Strategien im Umgang mit Problemen beim Blitzlicht. Meist hängt das mit Menschen zusammen, die sich selber kaum kontrollieren können und nur schwer einfangen lassen. Sie reden viel, diskutieren gerne mit anderen und das Blitzlicht wird zum Flutlicht. Wie können wir das einbremsen?

Ein paar Vorschläge hatte ich anfangs schon erwähnt und da setze ich noch einmal auf: Machen Sie immer wieder deutlich, dass ein Blitzlicht kurz sein sollte und nur als Überblick für mögliche Gesprächsthemen dienen kann. Sobald jemand davon abweicht, schlagen Sie ihm vor, das Thema in der nachfolgenden Gesprächsrunde weiter zu besprechen. Könnte sein, das Sie das gebetsmühlenartig wiederholen müssen, aber mit einem Lächeln klappt das bestimmt.

Es kann ebenso hilfreich sein, um Rücksichtnahme gegenüber den anderen Teilnehmern zu bitten. Besonders beim „unendlichen Blitzlicht", wo jeder solange redet wie er möchte, kommen die letzten Teilnehmer kaum zur Geltung. Wenn am Ende der Schlange jemand ein schwerwiegendes Problem hat, wird er sich wahrscheinlich nicht vordrängeln. Ist er endlich an der Reihe, sind oft nur noch ein paar Minuten zum Reden übrig. Spätestens dann wünschten sich viele, sie hätten das früher gewusst und weniger geredet. Um solchen Fällen vorzubeugen, gibt es das Blitzlicht in der Selbsthilfe. Wie bereits erwähnt, habe ich das schon einmal erlebt und plädiere seitdem so vehement für ein kurzes Blitzlicht.

Schaffen Sie sich eine Sanduhr an!

Bei ganz harten Fällen kann eine Zeitbegrenzung festgelegt werden. Entweder schaut jemand auf die Uhr oder Sie versuchen es mit einer Sanduhr. Nach einer Minute ist die Redezeit abgelaufen und was noch besprochen werden sollte, wird auf die nachfolgende Gesprächsrunde verschoben. Das ist ein bewährter Tipp von einem anderen Gruppenleiter, bei dem das Blitzlicht erst dadurch funktioniert hat.

Blitzlichter können auch bei ganz anderen Situationen hilfreich sein. Wenn es bei einem Treffen kriselt oder irgendwie nicht voranzugehen scheint, dann ist es vielleicht Zeit für ein kurzes Stimmungsbild.

Zeit für ein Zwischenblitzlicht.

Es ist oft schwierig einer Gruppe gerecht zu werden, wenn man nicht genau weiß, was die Teilnehmer wollen oder was in ihnen vorgeht. Mit einer entsprechenden Frage kann man das recht schnell herausbekommen: *„Ich habe den Eindruck, es geht gerade nicht weiter. Wie geht es euch damit und was möchtet ihr?"*

Störungen haben bekanntlich Vorrang und bei Problemen gilt es ja zu reagieren. Mit einem kurzen Zwischenblitzlicht kann man sich vor allem vergewissern, ob es überhaupt eine Störung gibt. Wenn das der Fall ist, ergeben sich aus den Stimmungsbildern der Teilnehmer aber nicht nur deren Ansichten, sondern vielleicht schon Lösungen.

Besonders nach längeren Kontroversen ist es ratsam einmal Resümee zu ziehen und sich die Meinungen aller Teilnehmer anzuhören. Oft gehen bei längeren Debatten einzelne Stimmen unter und mit einem Zwischenblitzlicht werden noch einmal alle Ansichten deutlich. Dann fallen Einigungen im Sinne alle Gruppenteilnehmer leichter. In manchen Situationen kann man noch eine Abstimmung durchführen. Das ist im Grunde nichts anderes als ein Zwischenblitzlicht.

Kreativer Einsatz von Blitzlichtern.

Bisher haben wir uns eher mit dem klassischen Blitzlicht beschäftigt. Im Gruppenleben können Blitzlichter indessen sehr originell und abwechslungsreich eingesetzt werden. Lassen Sie uns ein wenig Spaß haben und das Blitzlicht mal ganz anders angehen.

Die nachfolgend aufgeführten Varianten von Blitzlichtern lassen sich sehr unterschiedlich einsetzen. Egal ob als Start-, Zwischen- oder Abschlussblitzlicht – mit ihnen lassen sich recht einfach Akzente setzen oder wieder mehr Bewegung in den Gruppenverlauf bringen. Ich habe den Varianten neben einer kurzen Erklärung noch mögliche Fragen an die Teilnehmer hinzugefügt.

Das Blitzlicht mal ganz anders:

- **Auf ein Wort:** Ein besonders kurzes und schnelles Blitzlicht – die Stimmung mit einem einzigen Wort ausdrücken: *„Wenn ihr eure Stimmung mit einem einzigen Wort ausdrücken könnt, welches wäre das?"*

- **Nonverbal:** Kurz und knackig – den Gemütszustand mit einem Handzeichen, einer Geste oder Mimik ausdrücken: *„Macht mal ein Handzeichen / eine Geste / einen Gesichtsausdruck wie es euch gerade geht!"*

- **Taschenblitzlicht:** Hier kommt Bewegung in die Bude – einen Gegenstand suchen, der das Befinden ausdrückt: *„Sucht bitte einen Gegenstand aus euren Taschen oder diesem Raum, der euer derzeitiges Befinden ausdrückt!"*

- **Schlagzeile:** Das braucht ein wenig Phantasie und Zeit zum Überlegen – die Stimmung mit einer Zeitungsüberschrift ausdrücken. *„Wie wäre die Schlagzeile einer Zeitung, wenn sie eure Stimmung ausdrücken sollte?"* Alternativ geht auch ein Film- oder Buchtitel etc.

- **Metapher:** Braucht Phantasie und Zeit – die Stimmung durch eine Landschaft, Fahrzeug oder Kunstwerk etc. ausdrücken: *„Wenn eure Stimmung eine Landschaft / ein Fahrzeug / ein Kunstwerk wäre, wie sähe das aus?"* Man kann fragen, an welcher Stelle sich der Teilnehmer in der Metapher befindet.

- **Wetterbericht:** Eine Mischung aus Schlagzeile und Metapher: *„Wenn eure Stimmung ein Wetterbericht wäre, wie würde der lauten?"*

- **Märchen:** Ähnlich wie zuvor: *„Wenn eure Stimmung ein Märchen wäre, wie heiß das und welche Rolle habt ihr in diesem Märchen?"*

- **Teilsätze:** Wir können Sätze beginnen und sie von den Teilnehmern beenden lassen: *„Versucht mal den folgenden Satz zu beenden: „Ich würde jetzt gerne... / Am liebsten bin ich... / Was ich besonders mag ist..." "*

- **Zeichenstunde:** Wenn mal richtig Zeit ist und Sie die passenden Utensilien haben, dann darf auch mal gezeichnet werden: *„Malt doch mal ein Symbol / ein Bild / ein Motiv, dass zu eurer Stimmung passt"* Bitte hinterher Zeit nehmen zum Betrachten und Besprechen der Bilder.

- **Bastelstunde:** Wie zuvor, braucht aber passende Materialien, wie Papier, Pfeifenputzer, Knete etc.: *„Bastelt doch mal etwas, dass zu eurer Stimmung passt"*

Ihnen fallen sicherlich noch andere Varianten oder Fragen ein, aber ich erhoffe mir, Ihnen ein paar Lichtblicke für Ihre Selbsthilfearbeit bereitet zu haben.

Das war´s erst mal von Blitzlichtern und Zündkerzen – ich wünsche mir, dass der Funke übergesprungen ist und ihr Selbsthilfemotor jetzt vom Start bis zum Ende rundläuft. Im nächsten Kapitel geht's kreativ weiter und wir schauen mal, was man noch alles mit einer Selbsthilfegruppe anstellen kann.

Übrigens: Manche Menschen mögen das Wort „Blitzlicht" gar nicht. Es ist ihnen zu eckig, zu grell oder erinnert sie an irgendetwas. Das habe ich jetzt schon öfter erlebt. Falls Ihnen einmal ein solcher Fall unterkommt, dann nutzen Sie doch einfach eines der vielen Synonyme des Blitzlichtes.
Fragen sie alternativ nach einem „Stimmungsbild", dem „Gemütszustand" oder nennen es einfach „Befindlichkeitsrunde". Wenn das auch nicht passt, dann fragen Sie Ihre Teilnehmer, wie sie das „Ding" nennen wollen.

Platz für Ihre Erleuchtung:_____
_____ ...

17. Darf's auch mal was Anderes sein?

Für jedes Problem gibt es doch einen Algorithmus!

Harald Lech, Astrophysiker mit Hang zum Philosophischen

Wenn man sich jede Woche trifft, dann wird's vielleicht mal Zeit etwas zu verändern. Selbst wenn es schon richtig gut läuft in einer Gruppe – immer nur Leibspeise wird doch irgendwann langweilig. Und das Bessere ist ja bekanntlich der Feind des Guten. Eventuell ist es

Zeit für was Neues!

Bringt man immer wieder mal frischen Wind in eine Selbsthilfegruppe, bewahren sich Spannung, Vorfreude und Neugier. Es wird nie langweilig, man zelebriert Gemeinsamkeiten und lernt sich noch viel besser kennen.

Und die Entwicklungsmöglichkeiten von Selbsthilfegruppen und deren Teilnehmern können immens sein. Oft genügen buchstäblich andere Blickwinkel, um Hürden zu umgehen. Manchen Teilnehmern ermöglicht erst eine andere Herangehensweise an ein Problem, sich diesem zu nähern und vielleicht sogar zu überwinden.

Im nunmehr vorletzten Kapitel der „Seelenbande" möchte ich Ihnen weitere bewährte kreative Methoden aus der Selbsthilfe aufzeigen. Da ich schon vielerlei in diesem Buch behandelt habe, gibt's aber vorab aus den vergangenen Kapiteln die

„Top 10 der kreativen Methoden"

Platz 10: **„Namensschilder"** aus dem 4. Kapitel: „Das erste Mal"
Wenn sich die Teilnehmer nicht gut kennen, sind Namensschilder aus Krepp ein Muss.

Platz 9 **„Der Themenspeicher"** aus dem 7. Kapitel: „Der perfekte Ablauf"
Damit kein wichtiges Thema verloren geht, kommen sie in einen Themenspeicher und werden bei Zeiten wieder herausgeholt.

Platz 8: **„Die Sanduhr"** aus dem 16. Kapitel: „Spot an fürs Blitzlicht"
Wenn sich Teilnehmer einfach nicht kurz fassen können, gelingt das mit der Zeit durch eine Sanduhr vor der Nase.

Platz 7: **„Die Klangschale"** aus dem 7. Kapitel: „Der perfekte Ablauf"
Mit dem Gong einer Klangschale wird es ruhig im Raum und die Teilnehmer können sich auf sich und das Treffen einstimmen.

Platz 6: **„Verstehen vor Lösen"** aus dem 13. Kapitel: „Probleme, Krisen und Konflikte meistern"
Mit der Methode des Verstehen-Wollens lösen sich viele zwischenmenschliche Probleme oder Konflikte wie in Luft aus.

Platz 5: **„Die Salamitaktik"** aus dem 11. Kapitel: „Loslassen und abgeben statt Überfordern"
Aufgaben scheibchenweise zu verteilen, hilft sich nicht zu überfordern, bindet Andere mit ein und kann zudem noch viel Spaß machen.

Platz 4: **„Positive Spekulation"** aus dem 15. Kapitel: „Achtsamkeit und Aufmerksamkeit" Eine wertschätzende Übung zur Einschätzung seines Gegenübers.

Platz 3: **„Die Gefühlsliste"** auch aus dem 15. Kapitel: „Achtsamkeit und Aufmerksamkeit" Nach Stimmungen und Gefühlen zu fragen, fällt mit dieser Liste gewiss leichter.

Platz 2: **„Das Speeddating"** aus dem 14. Kapitel: „Umgang mit (zu) großen Gruppen" Mit ein wenig Stühle rücken lässt sich so manche Frage im kleinen Kreis beantworten.

Platz 1: **„Das Blitzlicht"** aus dem gleichnamigen 16. Kapitel: „Spot an fürs Blitzlicht" Ob Non-verbal, Taschenblitzlicht oder Metapher. Beim Start- oder Abschlussblitzlicht lässt sich sehr viel Schwung in die Hütte bringen.

Zur Vertiefung können Sie gerne noch einmal an den entsprechenden Stellen nachsehen.

Mit diesen 10 Methoden ist schon eine Menge Pulver verschossen, doch habe ich immer noch ein paar Tricks auf Lager. Dementsprechend gibt's nun ein paar Elemente, die Sie beispielsweise in Ihrer Gruppe oder bei Events mit anderen Teilnehmern einsetzen können. Danach folgen einige Ideen, die Sie vielleicht außerhalb der Gruppentreffen verfolgen können. Viel Spaß!

Der Seiltrick

Was wäre ich ohne mein Seil. Ich nutze es als Skala oder Zeitstrahl in vielen Workshops. Auf den Boden gelegt, bittet man die Teilnehmer sich zu einer Fragestellung zu positionieren. Zum Beispiel: *„Wie lange seid ihr in der Selbsthilfe?"*, *„Wie viel Energie habt ihr gerade?"*, *„Was ist eure Schuhgröße?"...* Das Seil dient dabei als Skala, also 0-10 Jahre, 0-100%, Größe 35-50...

Diese Methode nennt man u.a. „Aufstellung" und sie hat den großen Vorteil, dass die Teilnehmer *aufstehen* müssen, um sich zu positionieren. Lassen Sie die Mitspieler ihren Platz finden und dann ein wenig mit den Nachbarn reden. Im Anschluss führen Sie Interviews, warum jeder wo auch immer steht. Das bringt Bewegung in die Reihen und eignet sich hervorragend zum Kennenlernen zu Beginn von Treffen oder Events.

Besonders gut eignet sich ein dickes Tau, aber zur Not tut es ebenso ein Kabel, eine Kordel oder nutzen Sie ein gedachtes, imaginäres Seil, dass Sie symbolisch auf dem Boden auslegen.

Sammeln Sie Postkarten oder kleine Gegenstände!

Ein Koffer voller kleiner Gegenstände oder eine Sammlung verschiedenster Postkarten lassen sich bestens zur Symbolisierung von diversen Fragestellungen nutzen.

Zunächst zum Equipment. Dafür sollten Sie gar nicht viel Geld ausgeben. Schauen Sie, was Sie oder Freunde so an Kleinkram haben – fast alles ist geeignet: Figuren, Spielzeug, Werkzeug und jede Menge Krimskrams. Karten aus Cafés oder Kontaktstellen, Post- und Werbekarten sind geeignet, sowie einfache Kalenderblätter mit den verschiedensten Motiven. Die Karten und Gegenstände können Sie getrennt, aber auch gemeinsam einsetzen.

Jetzt folgt die Fragestellung. Fragen Sie die Teilnehmer zum Beispiel: *„Was beschäftigt euch gerade?"* *„Wer seid ihr?"* *„Wie seht ihr eure Gruppe?"...*

Mindestens 20-30 Gegenstände oder Karten auf einen Tisch gelegt, dienen den Teilnehmer dann zur Auswahl. Möglichst spontan sollen dann 1-2 Gegenstände oder Karten genommen und später im Plenum gezeigt werden. Darauf können Sie aufbauen und beispielsweise ein Thema bearbeiten oder ein ganzen Treffen gestalten.

Diese Methode eignet sich aber nicht nur zur Themenfindung. Mit den Karten oder Gegenständen kann man einander zum Beispiel symbolisch Eigenschaften „schenken" oder benennen, was man an einem mag.

Der Ball.

Kennen Sie noch die aufblasbaren Bälle vom Strandurlaub? Klasse, wenn Sie so einen noch haben, sonst schauen Sie mal nach einem leichten und gut zu fangenden bzw. zu rollenden Ball.

Solche Bälle eignen sich wunderbar um bei Fragestellungen oder bei einem Blitzlicht „den Ball weiterzugeben". Das Gute an der Methode mit dem Ball ist, dass immer nur ein Teilnehmer reden kann und ihn dann zum nächsten Teilnehmer weitergibt.

Bei diesem Spiel können Sie wohlmöglich fragen: *„Was gibt euch Kraft im Leben"* oder *„Worauf freut ihr euch nach dem Treffen"...*

Können Sie noch? Ein Spielchen hätte ich noch, dass ich Ihnen ans Herz legen möchte, wenn es mal öde wird bei einem Treffen. Manchmal ist die Stimmung auch in der besten Gruppe mies und alle sind am jammern, wie schlecht doch alles ist. Das ist die Stunde für

Die Brille.

Dazu setzen sich zwei Teilnehmer zusammen und sie sollen sich ca. 5 Minuten ihren Tagesverlauf erzählen. Danach bitten Sie sie das Gleiche noch einmal zu tun, aber „durch die schwarze Brille", also alles total schlecht und mies zu machen.

Und jetzt? Dritte Runde! Bitten Sie die Teilnehmer erneut sich den Tagesablauf zu erzählen, aber durch „die rosarote Brille" alles besonders schön auszuschmücken und rosig zu reden. Was glauben Sie, wie jetzt die Stimmung der Teilnehmer ist? In der Regel klappt das kleine Wunder und die Stimmung ist wieder gut.

Wie kriegt man seine Pappenheimer jedoch dazu, mal was ganz Neues auszuprobieren? Kreative Methoden sind ja bei vielen Selbsthelfern gar nicht gern gesehen. Ich tue das mit einem Mix aus „Locken und Schubsen".

Zunächst versuche ich, die Neugier der Teilnehmer zu wecken. Ich schlage vor, sich von den eigentlichen Problemen, die jeden so bewegen, zu lösen, um sie mal mit ganz anderen Augen sehen zu können. Wenn Sie sich fragen, wie ich das meine oder wie das geht, dann habe ich Ihre Neugier wohl schon geweckt! Genau so können Sie es mit Ihren Teilnehmern machen.

Im zweiten Schritt, dem Schubsen, kommen Sie dann einfach mit den Materialien zum Treffen, die Sie für die jeweilige kreative Methode brauchen.

Bei den ganzen kreativen Methoden ist „Freigiebigkeit" natürlich sehr wichtig. Niemand sollte sich gezwungen fühlen an den neuen Spielchen mitmachen zu müssen. Locken Sie die Teilnehmenden, aber vermeiden Sie zu viel (Gruppen-) Zwang. Wenn die Sachen auf dem Tisch liegen und manche Teilnehmer zunächst nur zuschauen, bekommen die schüchternen Zeitgenossen irgendwann Lust mitzumachen.

Schreiben, Malen oder Basteln...

Zum Schreiben wird nur Papier und Stift benötigt. Zum Malen oder Zeichnen sollte das für einen Anfang ebenfalls genügen, aber größere Papierbögen und vielfarbige Stifte, Wachsmalstifte oder Tuschkästen sind hier sicher hilfreich. Gebrauchtes oder Materialien von der „Resterampe" genügen hier vollkommen.

Und beim Basteln wird's noch mal richtig bunt. Da kann man so ziemlich alles nutzen, was Küche, Keller, der Haushalt oder die Natur hergeben. Besonders Dinge, die sonst in den Müll wandern, sollten Sie verwerten. Also Verpackungen, Kalender und Zeitschriften, Bauholz oder Stoffe etc. Je einfacher die Ausgangsmaterialien sind, desto leichter machen es sich die Teilnehmer mit ihren eigenen Ansprüchen.

Und wichtiger als die perfekte Anleitung, wie man malt, schreibt oder bastelt, ist natürlich eine geeignete Fragestellung, die Sie den Teilnehmern anbieten können. Wenn das gelingt, dann wird's nach kurzer Zeit so lebendig zugehen wie in einem Kindergarten. So wunderbar habe ich das schon mit 60-80jährigen erlebt.

Da kreative Methoden immer etwas Spielerisches haben, empfehle ich eine verspielte Fragestellung.

Leiten Sie das ruhig ein wenig her. Also zum Beispiel: *„Wir haben ja alle so unsere Dämonen. Wenn euer Problem ein Monster oder Geist wäre, wie sähe das dann aus?"* Man kann vorab ein wenig darüber debattieren, wie Monster aussehen. Haben sie viele Augen, Tentakel, Krallen, machen sie Schleimspuren etc.

Eine andere Frage könnte lauten: *„Wenn euer Leben ein Kuchen wäre, wie sähe der dann aus, was wäre da alles drin?"* Vorab können Sie wieder besprechen, was es alles so für Backwaren gibt. Jemand hat dann mal einen Scherzkeks gemalt...

Was noch gut zum Thema des Schreibens passt, ist das

„KaWa" = Kreativ-Analograffiti-Wort-Assoziation

Meistens braucht es mehr Zeit diesen Begriff zu erklären, als die Methode selbst anzuwenden. Daher fange ich mal hinten an. Es geht darum, zu den Buchstaben eines Wortes passende Begriffe mit entsprechenden Anfangsbuchstaben zu finden. Zum Thema „ABSCHIED", das wir im nächsten Kapitel behandeln werden, könnte das so aussehen:

- A: *Angst, Abreise, Ade, Adieu...*
- B: *Bindung, Besuchen, Bewältigen...*
- S: *Servus, Schluss, Sehnsucht...*
- C: *Chance, Call you...*
- H: *Hoffnung, Hallo, Heulen*
- I: *Ideen, Inkarnation, Irritation...*
- E: *Einsamkeit, Einladung, Entlastung...*

- **D:** *Dankbarkeit, Dunkelheit, Demut...*

Vera Felicitas Birkenbihl ist die Erfinderin des Begriffs „KaWa". Wie Sie sicher erkannt haben, geht es darum kreativ mit einem Wort zu spielen und nach Assoziationen zu suchen. "Analograffiti" bedeutet dabei: analoges Denken (ANALOG) mit einem Stift in der Hand (GRAFFITI).

Man findet sicher nicht immer zu jedem Buchstaben Begriffe, die zum Ausgangswort passen. Bei dieser Methode geht es vor allem um das Nachdenken und Suchen nach vielen Begriffen, die zu einem Buchstaben gefunden werden können. Ein „KaWa" kann man zu den unterschiedlichsten Themen machen. Fangen Sie mit Ihrem Gruppenthema an: DIABETIS, SUCHT, BURNOUT...

Die Auswertung ist das Sahnehäubchen jeder kreativen Methode.

Wenn nun fertig gemalt, gestaltet, genäht, geklebt, gereimt oder „ge-KaWa-t" wurde, sollte das anschließend in einer Kleingruppe besprochen werden. Ein wertschätzender Umgang miteinander ist bei diesem Part sehr wichtig. Zunächst sollte nur ein Werk betrachtet werden. Die Gruppe beschreibt dann, was sie in dem Kunstwerk sieht. Im Anschluss wird der Schöpfer gefragt, was er gemeint hat und ob er nach dem Feedback noch etwas verändern würde. Nach diesem Prinzip wird von Künstler zu Künstler verfahren. Zuletzt kann man die Meisterwerke noch in der ganzen Gruppe zeigen und bewundern lassen.

Es ist erstaunlich, was einem beim Zeichnen etc. so alles einfallen kann oder was eine Gruppe in einem Werk alles wahrnimmt. Häufig erhält man so die versprochenen anderen Blickwinkel zu einem Thema oder Problem.

Mit der Zeit findet fast jede Gruppe Gefallen daran, diese Methoden öfter anzuwenden. Wenn es dann so richtig geschmeidig läuft und die Gruppe viel Spaß miteinander hat, wird aus einer gewöhnlichen Selbsthilfegruppe sicher eine eingeschworene Gruppe: eine „Seelenbande".

Übrigens: Woran viele Menschen ebenso Gefallen finden, ist in der Freizeit etwas gemeinsam zu erleben: Ausflüge, Kochen und Essen, Vorträge besuchen, Wandern oder mal eine Radtour bieten sich hier an.
Es gibt wirklich sehr viele Möglichkeiten etwas miteinander zu machen. Fragen Sie in Ihrer Gruppe nach, woran sie Spaß hätten und schauen Sie, dass möglichst alle bereit wären mitzumachen.

Raum für Ihre Alternativen:_____
_____ ...

18. Scheiden tut weh

Wenn wir Abschied nehmen, wird unsere Neigung zu dem,
was wir schätzen, immer noch etwas wärmer.

Michel de Montaigne, französischer Skeptiker und Humanist

Trauern und Abschied zu nehmen bedeutet für mich, mit einem ganz eigentümlichen Schmerz umzugehen. Dieser Schmerz entsteht in mir durch die Lücke, den ein geschätzter Mensch hinterlässt, wenn er mich verlässt. Es gibt sicher bessere Definitionen hierzu, aber jeder Mensch trauert bekanntlich auf seine Art und Weise. In diesem Kapitel möchte ich den Umgang mit Verlusten in Gruppen ansprechen, da sie uns früher oder später widerfahren werden.

Seit ich das letzte Kapitel abgeschlossen habe, ist für mich eine ganze Weile vergangen. Mir war immer klar, dass ich in diesem Buch zu den Themen Verlust, Abschied, Trennung und Trauer etwas schreiben sollte. Ich wusste aber nicht wie, was genau und ob ich den richtigen Ton treffe. Deshalb habe ich mich lange vor dem Weiterschreiben gedrückt.

Trauern ist nicht mein Thema. Ich lache gerne und freue mich mit Anderen, aber

wenn etwas zu Ende geht,
sind alle meist ziemlich stumm. Ich auch.

Es gibt Zeiten, da treffen uns Abschiede oder Trennungen ganz plötzlich. Unsere Stimmung verändert sich schlagartig und das es ruhiger wird, ist verständlich. Die Dinge zu solchen Momenten langsam anzugehen, ist sicher erst einmal sinnvoll. Das gibt jedem in einer Gruppe Zeit zur Besinnung und sich an die Veränderung anzupassen. In Gruppen wiederholen sich jedoch etliche Situationen und sich jedes Mal erneut daran zu gewöhnen und damit umzugehen, kann viel Kraft kosten. Können wir uns nicht ein wenig darauf vorbereiten?

**Wir wissen doch,
dass alles einmal zu Ende gehen kann.**

Viele „Enden" sind abzusehen und in einer Gemeinschaft sollte man darüber reden. Spätestens nach einem solchen Ereignis wäre doch ein guter Zeitpunkt, sich gemeinsam damit zu befassen. Vielleicht sind Teilnehmer nicht wieder gekommen oder ausgetreten. Oder es gab sogar einen Todesfall in der Gruppe oder bei Angehörigen. Über solche Begebenheiten zu reden, sollte in einer Selbsthilfegruppe möglich sein.

Wenn ein solcher Moment kommt und die Gruppe vielleicht still und ratlos im Umgang mit einem Geschehnis wird, dann thematisieren Sie das. Fragen Sie zunächst, wie es jedem damit geht.

Über Gefühle zu reden ist ein guter erster Schritt.

Lassen Sie sich und der Gruppe genug Zeit und Raum, um über die jeweiligen Gefühle zu reden. Sich über seine Empfindungen klar zu werden, kann manchmal etwas dauern. Zu sehen, wie andere gerade fühlen, kann bei diesem Prozess helfen.

Angelehnt an die amerikanische Psychiaterin Elisabeth Kübler-Ross kann man bei Menschen oft fünf Phasen der Trauer erkennen.

- Da ist zunächst die <u>Ablehnung</u> oder das Nicht-Wahrhaben-Wollens eines Verlustes. Die Betroffenen glauben nicht an die Echtheit oder das eine Situation wirklich eingetroffen ist. Sie wollen oft genug gar nicht darüber reden.

- Dann gibt es <u>Wut oder Zorn</u>, der sich gegen sich selbst, Hinterbliebene oder Verschiedene Menschen richten kann. Diese Gefühle können sowohl leise als auch sehr affektvoll auftreten.

- Weiterhin gibt es das <u>Verhandeln</u>, also den Versuch durch Kooperation eine Begebenheit doch noch zum Guten zu wandeln oder Schuldgefühle loszuwerden.

- Das <u>Leiden</u> drückt den ganzen Schmerz und die Verzweiflung nach einem Verlust aus. Er kann sich durch Niedergeschlagenheit, Schweigen, Weinen oder Rückzug ausdrücken.

- Und letztendlich gibt es die <u>Zustimmung</u>, das Akzeptieren eines Verlustes, den man nicht abwenden konnte. Der Kampf nach den vorherigen Phasen ist vorbei, aber die Menschen bleiben oft noch stumm.

Diese Phasen durchlaufen nach Kübler-Ross vor allem Sterbende, aber auch trauernde Menschen. Nicht jeder durchläuft alle Phasen und oft gibt es Sprünge hin und her durch diese Phasen. Bei manchen Menschen treten sie kaum auf, andere sind mehr betroffen. Vielleicht hilft Ihnen diese Aufzählung besser zu verstehen, was in trauernden Menschen vorgehen kann.

Falls es sich nach den Gesprächen über die Gefühlswelt nicht von alleine ergibt, dann fragen Sie bitte nach, was die Betroffenen konkret für den besseren Umgang mit einer Situation brauchen könnten. Nur über den Schmerz zu reden, kann ihn verschlimmern. Darüber hinaus sollte man also stets gemeinsam

über den *Umgang* mit einem Verlust reden,
um ihn auch überwinden zu können.

Zuhören, Trost spenden und Beistand leisten sind oft ein Anfang zur Überwindung von Verlusten. Hier spreche ich konkrete Handlungen an, wie gemeinsame Aktivitäten, um wieder in ein seelisches Gleichgewicht zu finden. Aus einer schwierigen Lage findet man oft leichter heraus, wenn andere Menschen einem zur Seite stehen, man sich aus dem Haus in die Natur begibt und sich körperlich etwas bewegt. Ich lege jedem ans Herz, sich zum Wandern zu verabreden, wenn er nicht so recht weiß, was ihm helfen könnte.

Verluste gemeinsam anzugehen, hilft vielen Menschen nachhaltig. Es ist gut zu wissen, dass man mit seiner Trauer nicht alleine ist und die Gruppe einem beisteht. Der Umgang mit dem Kummer wird leichter. Auch in der Gruppe selbst wird es einfacher solche Themen anzusprechen und zu bearbeiten.

Eine Selbsthilfegruppe sollte daher darüber reden, was sich für die Zukunft aus den Gesprächen lernen lässt. Das gemeinsame Suchen nach gehbaren Wegen sowie mit schwierigen Situationen umzugehen, kann eine Gemeinschaft enorm stärken. Damit meine ich vor allem nach hilfreichen Abläufen oder Handlungsweisen zu suchen und diese bei Bedarf zu wieder einzusetzen.

Rituale sind sehr wichtig!

Rituale sind tief in der Menschheit verwurzelt und helfen Bindungen aufrechtzuerhalten. Das passt doch gut in die Selbsthilfe! Abläufe, die allen in einer Gruppe bekannt sind und zu bestimmten Gegebenheiten ablaufen, geben den Teilnehmern Halt und den Treffen Struktur.

Haben sich solche Abläufe schon in Ihrer Gruppe etabliert? Da gibt es ganz unterschiedliche Möglichkeiten, sei es bei Abschieden oder in Trauerfällen. Jede Gruppe kann da ganz individuelle Bräuche oder Rituale entwickeln, die zur Gruppe, dem Thema und den Mitstreitern passt. Wie zu Beginn des Kapitels erwähnt, könnte man das nach einem Ereignis ruhig einmal thematisieren und schauen, wie eine Gruppe zukünftig mit entsprechenden Situationen umgehen möchte.

Nachfolgend ein paar Beispiele:

Wenn Teilnehmer die Gruppe verlassen, etabliert sich vielleicht ein besonderes Treffen, bei dem über die gemeinsame Zeit sowie über zukünftige Pläne gesprochen wird. Da kann jeder noch einmal ein paar wertschätzende Worte sagen und der Abschied hat ein positives Ende. Das passt besonders zu stabilen Gruppen, wo nur selten jemand aussteigt.

Nach dem Ausscheiden halten viele Menschen noch Kontakt. In unserer Gruppe ist es üblich „Ehemalige" zu gemeinsamen Aktivitäten einzuladen, um zu hören, wie es jedem so ergangen ist.

In Gruppen mit hoher Fluktuation wird man wahrscheinlich nicht so tief gehen. Wenn bei jedem Treffen „Neue" hinzukommen und andere fernbleiben, kann man am Ende trotzdem nachfragen, wer beim nächsten Mal eventuell wieder dabei möchte. Das schafft Klarheit und eine stärkere Bindung der Teilnehmer.

Falls Sie den Begriff des „Ghosting" noch nicht kennen: Er beschreibt das Fernbleiben von Teilnehmern ohne jede Erklärung. Wenn Menschen gefragt werden, wie Ihnen das Treffen gefallen hat und ob sie wieder kommen möchten, verringert sich dieser Effekt. Das tut der eigentlichen Gruppe gut und verringert die Fluktuation.

Wenn jemand nicht mehr da ist, kann man vielleicht eine Kerze anzünden oder eine Weile bleibt ein Stuhl leer. Das sollte man sooft machen, wie Einzelne das brauchen. Natürlich sollte man auch über die Gefühle und Gedanken zu den Menschen reden können.

Und wenn sich mal eine ganze Gruppe trennt?

Falls sich eine Gruppe mal teilt, weil sie vielleicht zu groß geworden ist oder sogar ganz auflöst, dann ist es besonders wichtig, frühzeitig über die anstehenden Abläufe zu reden. Das habe ich bei einer Gruppenteilung mal richtig vergeigt, was später leider nicht mehr zu heilen war.

Sollte in Ihrer Gruppe trotz bester Absicht und größtem Bemühen zum Thema Abschied und Trauer etwas schief gehen, dann zögern Sie nicht, sich Hilfe von außen zu holen. Also eine Selbsthilfekontaktstelle oder -organisation ansprechen und die Mitarbeiter um deren Meinung oder Hilfe bitten.

Die Entscheidung zu einer Trennung, Teilung oder Auflösung wird aber in der Regel von dem Leitenden oder dem „harten Kern" der Gruppe getroffen. Steht die Trennung fest, sollte möglichst Wochen oder sogar Monate vor der eigentlichen Trennung jeder Bescheid wissen und seine Gedanken und Aspekte mit einbringen können. Dadurch ergeben sich vielleicht neue Perspektiven und vor allem werden unnötige Verletzungen vermieden. So kann man den Abschluss gemeinsam planen.

Eine gemeinsame Abschlussfeier wäre dann sicher das „i-Tüpfelchen" bei solch einem Ereignis. Sie wissen ja: ich lache gerne und freue mich mit Anderen. Dann tut scheiden vielleicht gar nicht mehr so weh...

Übrigens: Mein erster Kontakt in der Selbsthilfe mit dem Thema „Trauer" war, als ich nicht wusste, ob ich zu einem Begräbnis eines guten Bekannten gehen sollte. Ich wollte mich davor drücken. Eine Mitstreiterin sagte einen Satz, der mich tief bewegte und mir half, die richtige Entscheidung zu treffen. Sie sagte sinngemäß: *„Als mein Mann starb, wollte ich nicht alleine am Grab stehen."*
Für mich steht dieser Satz symbolisch für viele Situationen, in denen Menschen nicht alleine sein wollen oder sollten. Dann bin ich einfach da. Das hilft mir und Anderen – Ihnen vielleicht auch?!

Raum für Ihr Adieu:_____
_____ ...

19. Das Besteste zum Schluss

Gäbe es die letzte Minute nicht, so würde niemals etwas fertig.

Mark Twain, beobachtete Menschen und erzählte Geschichten

Ihr lieben Leser,

nun ist das Buch am Ende und ich möchte mit ein paar Geschichten aus der Selbsthilfe abschließen. Manche der
nachfolgenden Ereignisse sind gewiss lustig, andere einfach nur einprägsam und gelegentlich passieren kleine
Wunder. Ich hoffe Sie verstehen, weshalb ich gerade diese Dinge hier erzähle. Natürlich lasse ich Ihnen am Ende
etwas Platz für Ihre Kuriosa.

Eines noch: Nicht alles hat sich genau so ereignet wie ich
es hier erzähle, aber damit will ich vor allem dem Vertrauensschutz Genüge tun – niemand soll die Personen, die
sich hinter den Geschichten verbergen, erkennen.

Und falls Sie das eine oder andere unpassend finden, bedenken Sie, wer den Spaß auf wessen Kosten gemacht
hat. Es ist und bleibt eine goldenen Regel beim Humor
miteinander und nicht übereinander zu lachen :o)

- In einer Depressionsgruppe: *"Wie viele sind wir heute"*
  "14 oder 15" "Ich zähle nur 13 – Schizophrene zählen
  aber nur einfach, oder?!"

- Nebenan tagt eine AA Gruppe. Die sind ziemlich laut
  und immer wieder hören wir klatschende Hände. Nach

einem Beitrag in unserer Gruppe gibt's auch bei uns spontanen Applaus. Nebenan: Stille.

- In einem Workshop wurde gebastelt und zwei Teilnehmerinnen hatten fast das gleiche Ergebnis. Da sagte die Sehbehinderte: *"Ich habe aber nicht abgeguckt!"*

- Es wurde über Grammatik und beliebte Fehler geredet. *„Das „Einzigste" sagt man nicht. Diese Steigerungsform ist falsch, auch wenn Goethe das schon falsch gemacht hat." „Das ist doch das Besteste an Goethe!"*

- Eine Gruppe ist auf der Suche nach einem Namen für sich und legt die Anfangsbuchstaben der Teilnehmenden hin. Alle gucken sich an, als folgendes plötzlich da liegt: "S P I N N T" Schnell wird weiter gemischt.

- Wir suchen Termine. *„Die Samstage im Mai sind schon weg, aber der 2., 9. oder 16.6. gingen noch..." „Am 16.6. könnte ich, aber der 2.9. ist doch ein Sonntag – da kann ich nicht."*

- Ein Mann kommt zum dritten Mal mit einem anderen Fahrrad zur Gruppe. Eine Dame: *„Wie viele Räder brauchst Du eigentlich?" „Wieso, Frauen haben doch auch nicht nur eine Handtasche" „Doch – willst Du sagen ich bin keine Frau?"*

- Zum Thema „Macken" meint jemand: *„...jeder hat ja irgendeine Macke und wer meint keine zu haben, hat vielleicht eine ganz besondere Persönlichkeitsstörung."* Ein Teilnehmer meldet sich spontan, der Mund geht auf, wieder zu und die Hand geht schnell zurück.

- Zu Besuch bei einem Gehbehinderten, wollte er uns den Weg zeigen und sagte mit einem verschmitzten Lächeln: *„Bitte diesen Gang…"*

- Wenn wir „Neue" in unserer Gruppe haben und sie ihre Probleme mit Schlaf, Ängsten, Menschen usw. schildern, gibt es immer jemanden, der sagt: *„Ja, das ist Teil der Symptomatik."* So wahr wie das ist, so sehr ist es eine Art „running gag" geworden.

- Irgendwer wird um etwas gebeten und der antwortet mit *„Nein"* Das akzeptieren einige nicht und versuchen ihn umzustimmen. Einem anderen wird das zu bunt. Er sagt: *„Wieso, „Nein" ist doch ein vollständiger Satz!"*

- Als im Spätherbst ein paar Schneeflocken fallen, meint ein Teilnehmer: *„Der Winter kommt"* Da geht die Tür auf und ein Teilnehmer, der Ralf Winter heißt, kommt herein. Ein Kommentar: *„Bist Du Hellseher?"*

- Einer der öfter zu spät kommt, erscheint wieder zu spät. Wir hatten noch gar nicht angefangen, aber der Gruppenleiter meint spontan: *„…schön, dann ist es also angenommen, dass derjenige, der zuletzt kommt, moderieren soll."*

- Beim zweiten Treffen nach einer Neugründung wird nach „Tesa-Krepp und Eddings" für Namensschilder gefragt. Da meint einer: *"Achtung, diese Veranstaltung enthält Produktplatzierungen."*

- Wir hören Geräusche von oben und jemand meint: *„Sind die Tauben unterm Dach?" „Nee, die Gruppe mit den Schwerhörigen gibt´s doch gar nicht mehr."*

- Wir diskutieren, wie wir am besten Werbung für eine Sache machen können, kommen nicht weiter und wollten schon aufgeben, da meint einer: *„Keine Werbung ist aber auch keine Lösung..."*

- Bei einer Frauengruppe verirrte sich ein attraktiver Herr und fragte nach dem Mieterverein. *„Nächster Eingang!"* wurde ihm geholfen. Als er raus war hieß es: *„Mensch, das hast Du jetzt aber voll vergeigt..."*

- Ein Neuer kommt zum Vorgespräch unserer Burnout-Gruppe: *„Gibt es irgendwelche Kriterien, die man erfüllen muss, um bei euch mitzumachen?"* *„Klar, wir machen einen Einstellungstest."* *„Echt jetzt?"*

- Um ein Problem zu lösen, werden viele Vorschläge gemacht, aber die Leitung wiegelt alles ab. Sagt ein genervter Mitstreiter: *„Wer will findet Wege, wer nicht will findet Gründe. Ich will keine Gründe mehr hören."*

- Bei einem Einführungsgespräch wird erwähnt, dass die Selbsthilfe ja keine Partnerbörse wäre. Darauf steht ein Teilnehmer auf und alle gucken ihn an. *„Was denn, ich muss doch nur auf die Toilette."*

- *„Fritz ist krank."* *„Ohh, was hat er denn?"* *„Männerschnupfen."*

- Bei einer großen Veranstaltung möchte der Moderator Erfahrungen sichtbar machen: *„Wer schon mal zur Reha war, bitte mal kurz aufstehen"* *„Ich auch?"* fragt ein junges Mädchen im Rollstuhl...

- Ein Mitstreiter kommt mit einem neuen T-Shirt. Darauf steht: „Kann kochen" Einer fragt: *„Kannste auch moderieren?"*

- Wir sitzen im Garten und haben eine gute Runde, lachen viel. Da fragt jemand nach einer anderen Gruppe und wir sagen ihm wo diese ist. *„Schade, ich wäre gerne zu euch gekommen – ihr lacht so schön."*

- Bei einer Lesung wird der Autor von einer Sehbehinderten gefragt, ob es sein Buch auch „barrierefrei" gibt. Statt Auffahrrampe also mal ein Hörbuch zur Überwindung von Barrieren...

- Wir beginnen unser Blitzlicht wie immer: *„Schaut, wie es euch geht und wer anfangen möchte, kann beginnen."* Als niemand beginnen wollte, meinte der Moderator: *„Wer sich zuerst bewegt, hat verloren."*

- Wir reden über Egoismus und Einzelkinder. Jemand meint: *„Übrigens sollen die meisten Narzissten gar keine Einzelkinder sein, sondern die Letztgeborenen"* *„Hast Du das von Deiner älteren Schwester?"*

- Als ein Mitstreiter mal gar nicht lachen konnte, fragten wir was los ist. *„Hab 'n ernsthaftes Tief und mit Depressionen ist ja nicht zu spaßen!"*

Jens Erik

Seelenbande

Manche Geschichten erschließen sich vermutlich nicht sofort, andere hallen vielleicht noch lange nach. Ich hoffe jedoch, Sie hatten ein wenig Freude daran und Sie können das Buch mit einem Lächeln abschließen.

Falls Sie das eine oder andere weiter erzählen möchten, denken Sie an den Kontext. Die Geschehnisse sind keine platten Witze, sondern eher Ausdruck des fröhlichen und humorvollen Umgangs von Menschen in der Selbsthilfe.

Platz für Ihre Anekdoten:_____
_____ ...

20. Zum Weiterlesen...

Eines Tages werden wir alle sterben, Snoopy.
Stimmt, aber an allen anderen Tagen nicht.

Charlie Braun und Snoopy über die Widersprüchlichkeit des Lebens

Alles wird einmal zu Ende sein, aber es kommt immer wieder irgendetwas Neues auf uns zu. Für die Zeit nach der „Seelenbande" habe ich noch ein paar ganz besondere Buch- und Lesetipps für Sie.

Da Internet und Buchläden voll mit Ratgebern zu allen möglichen (Selbsthilfe-) Themen sind, möchte ich an dieser Stelle nur Lesestoff angeben, den ich selbst in der Hand hatte oder der mir von freundlichen Menschen aus der Selbsthilfe empfohlen wurde.

Zu mancher Lektüre gibt es eine Download-Möglichkeit, die Sie unter den genannten Websites finden werden. Das ist besonders dann interessant, wenn die entsprechende Druckversion nicht oder nicht mehr erhältlich ist oder Sie diesen Planeten vor unnötigen Papiermengen bewahren möchten.

Dieses Buch können Sie übrigens vom Autor als pdf-Version erhalten. Wenn Sie das möchten, dann schreiben Sie etwas Nettes an jenserik42@yahoo.de.

> BAG SELBSTHILFE, Hart an der Grenze – Herausforderung und Überforderung in der Selbsthilfe, 1. Auflage 2014
>
> http://www.bag-selbsthilfe.de/
>
> Detailliertes Handbuch zum Umgang mit Überforderung. Viele Hintergrundinformationen, Methoden für Workshops und praktischen Anregungen.

> Bundesministerium für Gesundheit: SHILD-Studie, Untersuchung der gesundheitlichen Selbsthilfe in Deutschland, 2012 – 2018
>
> https://www.bundesgesundheitsministerium.de/
>
> Mehrjährige Studie über Ziele, Aufgaben, Unterstützung, Arbeitsweise und Wirkung der SelbstHILfe in Deutschland mit starker Beteiligung von SHGs.

> Deutsche Arbeitsgemeinschaft Selbsthilfegruppen e. V.: Selbsthilfegruppenjahrbuch 2000 – 2018
>
> https://www.dag-shg.de/
>
> Die Jahrbücher enthalten viele spannende Geschichten rund um die Selbsthilfe

> Deutscher Paritätischer Wohlfahrtsverband, Landesverband Nordrhein-Westfalen e.V.: In-Gang-Setzer® - Selbsthilfe auf den Weg bringen, 2011
>
> http://www.in-gang-setzer.de/
>
> Ein Handbuch über eine besondere Methode zum erfolgreichen Starten von SHGs.

> GKV-Spitzenverband: Leitfaden zur Selbsthilfeförderung, 2018
>
> https://www.gkv-spitzenverband.de/

Grundsätze zur Selbsthilfeförderung mit Fördervoraussetzungen, Krankheitsverzeichnis und Musterbelegliste.

➢ Leu, Lucy: Gewaltfreie Kommunikation: Das 13-Wochen-Übungsprogramm: Ein praktischer Leitfaden für Übungsgruppen und GFK-Kurse, Taschenbuch, Jungfermann Verlag, 2016
Prima Ergänzung zu Rosenberg mit Anleitung zur Umsetzung von GFK in Gruppen.

➢ Nakos: Leitfaden: Starthilfe zum Aufbau von Selbsthilfegruppen, 9. Auflage, 2014 und Leitfaden: Gemeinsam Aktiv Arbeitshilfe von Selbsthilfegruppen, 1. Auflage, 2016
https://www.nakos.de/
Zwei umfangreiche Broschüren zur Unterstützung von SHGs bei der Gruppengründung und weiteren Gruppenarbeit.

➢ Rosenberg, Marshall: Gewaltfreie Kommunikation: Eine Sprache des Lebens, Taschenbuch, 12. Auflage, Jungfermann Verlag, 2016
Der Klassiker zur wertschätzende Gesprächsführung und Konfliktvermeidung.

➢ Selbsthilfekontaktstelle Steglitz-Zehlendorf im Mittelhof e.V.: Lebendige Gruppenarbeit durch kreative Methoden, 1. Auflage 2015
https://www.mittelhof.org/
Praxiserprobte Methoden zur Unterstützung von SHGs in allen Gruppenphasen.

> ➤ **SEKIS – Selbsthilfekontakt- und Informationsstelle Berlin: <u>Selbsthilfe in Gruppen</u>. Eine Anleitung zum Handeln, 11. Auflage, 2012.**
> https://www.sekis-berlin.de/
> **Kurz und knackig beschreibt diese Broschüre, was man über Start und Gruppenarbeit wissen sollte.**

Platz für Ihre Lektüre:_____
_____ ...

Über den Autor

Jens Erik wurde 1965 in Berlin geboren. Er hat eine chemisch-technische Ausbildung und ein kaufmännisches Studium absolviert. Jahrzehnte war er international in der Entwicklung tätig und wechselte später ins Management. Diesen Lebensabschnitt hat Jens Erik nach fast dreißig Jahren und einem Burnout beendet.

Um 2010 hat Jens Erik die Selbsthilfe für sich entdeckt. Er hat verschiedene Selbsthilfegruppen zum Thema „Burnout und Depressionen" gegründet oder begleitet. Das hat ihm beim Bewältigen von Überforderung und Lebenskrisen geholfen. Aus diesen Erfahrungen ist sein erstes Buch „*Glutstaufe*" entstanden.

Die Zusammenarbeit mit Menschen und das Entwickeln von neuen Ideen ist Jens Erik von jeher sehr wichtig. So ist er inzwischen deutschlandweit, vor allem zu Selbsthilfethemen, als Fortbilder und Referent unterwegs. Er ist Mitglied im „Arbeitskreis Fortbildung in der Selbsthilfe Berlin" und „Männer in der Selbsthilfe". Weiterhin ist er im Projekt „Hart an der Grenze" tätig und unterstützt Selbsthilfegruppen bei der Gründung oder Überwindung von Krisen.

Seine Erkenntnisse aus diesen Bereichen hat Jens Erik in seinem neuen Buch „*Seelenbande*" zusammengefasst.

Suchen Sie Kontakt zum Autor? Dann können Sie ihm natürlich etwas schreiben. Sie erreichen ihn unter JensErik42@yahoo.de

Seelenbande